Impressum

Juli 2000
Copyright 2000 bei Medien-Service Stengel
Umschlaggestaltung und Layout: Die IDEEN-Fabrik
Illustrationen: Ullrich Höltkemeier
Herstellung: Libri Books on Demand
Printed in Germany ISBN 3-8311-0518-9

Oasen des Lichtes
Eine spirituellen Reise zu den uralten Heiligtümern Südenglands

Beim Wandern auf alten Wegen in Cornwall, über das Dartmoor, zu Steinkreisen, Menhiren, Kathedralen, verwunschenen Seen, heiligen Quellen und uralten Bäumen. Auf der Suche nach Orten des Lichtes und der Kraft, auf und entlang der St. Michaels-Linie.

Ullrich Höltkemeier

MEDIENSERVICE
Stengel

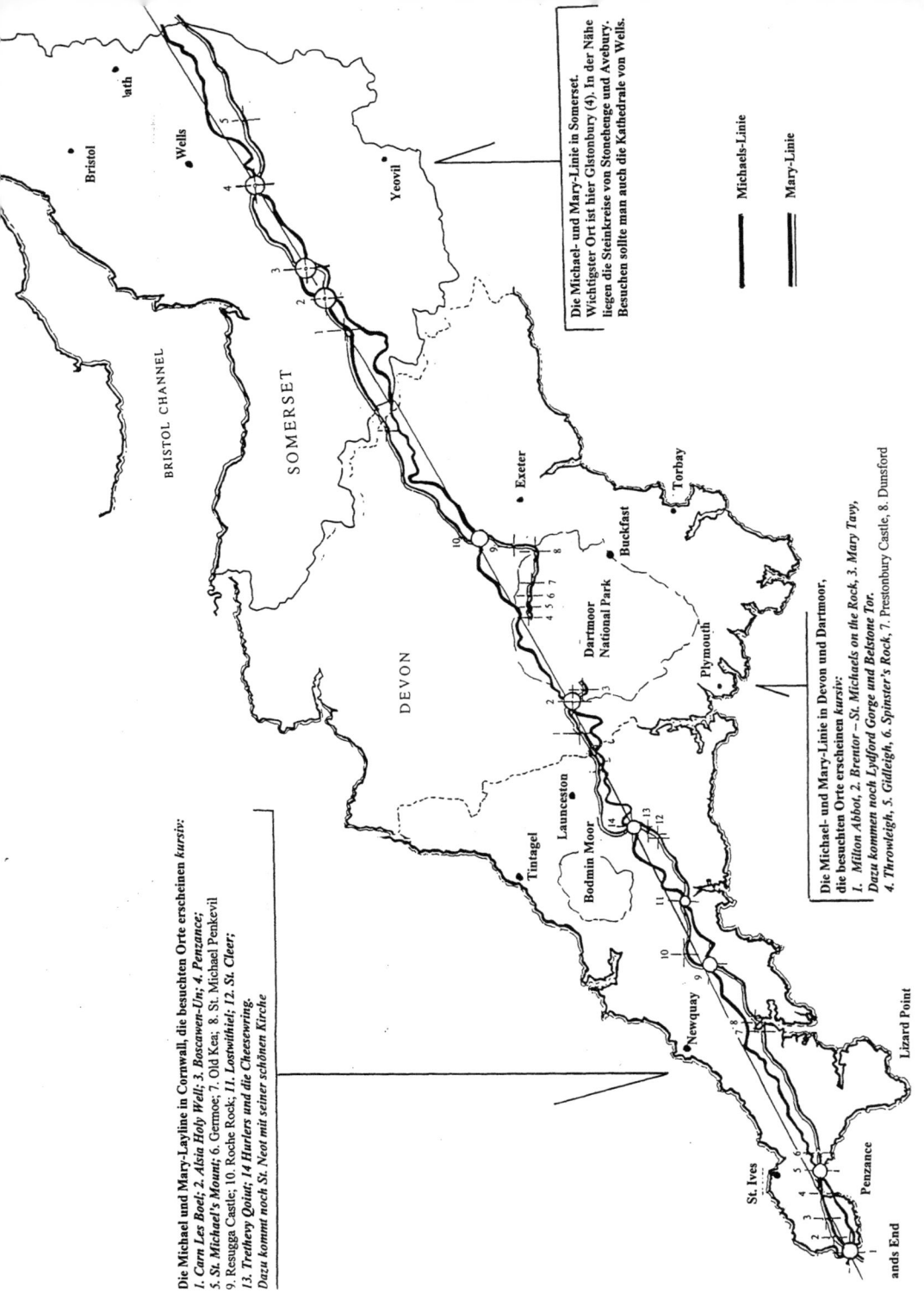

Die Michael und Mary-Layline in Cornwall, die besuchten Orte erscheinen *kursiv*:
*1. Carn Les Boel; 2. Alsia Holy Well; 3. Boscawen-Un; 4. Penzance;
5. St. Michael's Mount; 6. Germoe; 7. Old Kea; 8. St. Michael Penkevil
9. Resugga Castle; 10. Roche Rock; 11. Lostwithiel; 12. St. Cleer;
13. Trethevy Qoiut; 14 Hurlers und die Cheesewring.*
Dazu kommt noch St. Neot mit seiner schönen Kirche

Die Michael- und Mary-Linie in Devon und Dartmoor,
die besuchten Orte erscheinen *kursiv*:
1. Milton Abbot, 2. Brentor – St. Michaels on the Rock, 3. Mary Tavy,
Dazu kommen noch *Lydford Gorge und Belstone Tor.*
4. Throwleigh, 5. Gidleigh, 6. Spinster's Rock, 7. Prestonbury Castle, 8. Dunsford

Die Michael- und Mary-Linie in Somerset.
Wichtigster Ort ist hier Glstonbury (4). In der Nähe
liegen die Steinkreise von Stonehenge und Avebury.
Besuchen sollte man auch die Kathedrale von Wells.

—— Michaels-Linie

—— Mary-Linie

Bath

Bristol

Wells

Yeovil

BRISTOL CHANNEL

SOMERSET

Exeter

Torbay

Buckfast

Dartmoor
National Park

Plymouth

DEVON

Launceston

Tintagel

Bodmin Moor

Newquay

St. Ives

Penzance

Lands End

Lizard Point

Inhalt

OASEN DES LICHTES

EINE SPIRITUELLE REISE ZU URALTEN
HEILIGTÜMERN SÜDENGLANDS

Ullrich Höltkemeier

**St. Michaels-Linie
Cornwall und Devon**

MEDIENSERVICE
Stengel

Das Tor

Bedeutsame, mystische Reisen nehmen stets dann ihren Anfang, wenn ungewöhnliche Umstände eine heldenhafte Tat verlangten. Für Bilbo Beutlin in Tolkiens „Der kleine Hobbit", begann das Abenteuer, als Gandalf der Zauberer an seine Tür klopfte. Shea Ohmsfort machte sich, in den Geschichten von Terry Brooks, auf die Suche nach dem Schwert von Shannara, , als der Druide Allanon seine Hilfe gegen das Böse des Dämonenlords brauchte.

Doch nie waren es Einzelne, immer taten sich die unterschiedlichsten Charaktere zusammen. Dabei zieht der Ruf nach Abenteuer den Vorhang zu einem Mysterium der Verwandlung auf. Der gewohnte Lebenshorizont wird überwunden, die alten Vorstellungen, Ideale und Gefühlsmuster passen nicht mehr. Jetzt ist der Zeitpunkt gekommen eine Schwelle zu überschreiten.

In vielen Geschichten kommt der Held an einem „Tor" an - zugleich ein bestimmter Ort und ein genau angegebener Zeitpunkt. Hier muß er sich entscheiden, ob er hindurchtreten und die bekannte Welt verlassen will: nur im Glastonbury, zu König Artus Zeiten konnte man den Kahn herbei rufen, der einen durch den Nebel zur Insel Avalon brachte.

Die Druiden legten großen Wert auf Tore - jeder Steinkreis hat einen solchen Eingang zwischen zwei bestimmten Steinen. Das Tor ist der lange Weg zur Mitte des Herzens.

Mit Absicht durch das Tor zu schreiten, stellt den ersten Schritt auf einer Reise dar. Wenn wir dies bewußt tun, sterben wir und werden neu geboren. Wir verändern uns auf bestimmte Weise und in einer Art, die uns erst nach einiger Zeit klar wird.

Meine Reise begann auch an einen Tor - einem natürlichen Eingang, gebildet von zwei Bäumen. Als ich mich an den Baum der Uralten Weisheit lehnte, spürte ich die glatte Rinde auf meiner Haut und bat das meine Seele genährt würde, daß ich an Gestalt und Kraft gewänne und das meine Liebe ewiglich währe. Jetzt war der Weg frei. Ich war empfänglich und offen gegenüber allem was passieren könnte. Die Sonne schien, der Himmel strahlte blau und das Gras war noch vom Frühtau benetzt - ohne zu zögern trat ich durch das Tor.

Ich öffne mich Dir,
Himmel, Erde, Sonne und Wind.
Erfahre jetzt
das Geheimnis des Netzes
gesponnen zwischen Licht und Dunkelheit,
ein Gespinst von Fäden
aus Raum und Zeit,
verwoben mit dem Leben
der Wirklichkeit.
Ich öffne mein Selbst
den Energien des Universums
und empfange Augenblicke,
die unentwegt wachsen.
Dieser Moment ist Meiner,
der Nächste gehört noch
der Zukunft.
Genieße die Gegenwart
ohne den Verlust dessen
zu bedauern, was vorbei ist.

Steinkreise, Kraftlinien......

Ehe wir nun neue Welten betreten, bleiben wir zunächst bei diesem Tor stehen und bitten die Wächter um Erlaubnis, fortschreiten zu dürfen. Wenn der Ruf erfolgt, wenn wir bestimmt sind, diesem Pfad zu folgen, werden wir von den Steinen oder Bäumen angezogen, die rechts und links von uns auftauchen.

Wer sich mit magischen Orten in Großbritannien beschäftigt, der wird über kurz oder lang auf Alfred Watkins stoßen. Von ihm stammt die Idee der sogenannten Ley Lines, Kraftlinien, welche die englische Landschaft durchziehen und die einzelnen prähistorischen Stätten miteinander verbinden.

Ich stand nun am Beginn eines der interessantesten, ältesten und wichtigsten Wege, die sich durch England ziehen. Diese Kraftlinie verläuft in Südengland von dem einer Sonnengottheit geweihten St.-Michaels-Mount in Cornwall über den Steinkreis The Hurlers durch die Abtei des Klosters von Glastonbury, den Steinkreisen von Avebury und weiter nach Lowestoft, an der Ostküste Englands.

Beschrieben wird diese Kraftlinie im Buch »The Sun and The Serpent«, in dem der Rutengänger Hamish Miller zusammen mit dem Autor Paul Roadhurst behaupten, daß sich eben gerade diese Linie von der Westspitze Cornwalls bis zur Ostküste in der Nähe von Great Yarmouth hinzieht.

Doch hierbei handelt es sich nicht nur um eine Linie, sondern um nachweisbar zwei Kraftströme. Der eine verbindet hauptsächlich Kirchen St. Michaels, der andere Orte, die der St. Mary geweiht sind. Ähnlich den beiden Schlangen, die sich um den Stab des Todd winden. Avebury mit seinen Steinkreisen, der Cove und dem Silbury Hill sowie Glastonbury und vor allem das Tor sind besondere Knotenpunkte in diesem System. In England wurden die Stätten, die einst der Göttin geweiht waren, von den Christen auf die eine oder andere Weise übernommen.

Entweder baute man eine Kirche dort, die nach dem Heiligen Michael benannt wurde, oder man errichtete eine Kapelle zu Ehren Marias.

Den Heiligen Michael sieht man häufig abgebildet, wie er eine Schlange niederkämpft, die ein Symbol der Göttin war, aber auch Energieströme oder Ley-Linien repräsentiert, wie sie in England genannt werden – die »Schlangen« unter den heiligen Stätten. Gebiete, in denen die Energie am stärksten floß, wurden zu heiligen Stätten.

St. Michael kämpft mit dem Drachen
Von einer Originalzeichnung einer Kopie von der Royal Charter for St. Michaels`s Mount, 1465

Auch heute noch gibt es Menschen, welche die Kraft haben, mit ihrem Herzen und ihrem Gefühl diese Kraftlinien der Erde, des Wassers, des Feuers, der Luft, aber auch anderen Besonderheiten zu suchen, finden und zu lesen.

Jeder suchende Mensch kann seine wichtigen Erkenntnisse und Einweihungen überall bekommen, wenn er sich rücksichtsvoll mit und in der Natur beschäftigt, um zu lernen. Es gibt heute noch so viele heilige Haine, alte Baum- und Steinkreise, halbverfallene, alte Kraftplätze unserer Vorfahren, man muss sie nur zu finden wissen.

Dem Zauber verborgener Quellen, bemooster alter Steine und mächtiger Bäume erliegen aber nicht nur suchende Wesen. All diese Orte atmen eine mystische Magie aus. So kann jeder in seiner näheren Umgebung kraftvolle Plätze finden. Die Magie des jeweiligen Ortes bewirkt, daß sich eine Ergriffenheit einstellt, die meist nach einer Erklärung verlangt. Wie sich diese Ergriffenheit allerdings individuell ausdrückt, hängt ganz von dem jeweiligen Standpunkt des Besuchers ab. Vielleicht aber offenbart sich dem Betrachter auch gar nichts oder er bemüht sich um physikalische Erklärungen.

Kraftort - Was ist das?

Der von früheren Kulturen für ihre Kulte ausgewählte „Ort" ist niemals beliebig gewesen. Die Ortswahl folgte auch keineswegs nur praktischen oder offensichtlichen Kriterien, wie sie durch Quellen, Flüsse oder Hügelkuppen gegeben sind. Kurz gesagt sind bestimmte „Orte" Knotenpunkte von Energien des feinstofflichen und ätherischen Spektrums, die von Menschen entweder mit Hilfe der Radiästhesie oder durch geistig-seelische Einfühlung wahrgenommen werden können.

Ich bin der Ansicht, daß wir auf einen solchen Ort unser Inneres projizieren, so daß er uns etwas begreiflich machen oder gar heilen kann. An solch einem Platz geschieht immer etwas mit uns, weil sich dort im Laufe der Zeit eine Atmosphäre verdichtet hat, die sich auf uns als Besucher einfach übertragen muß.

Am meisten beeindruckt dabei, wenn wir hier oft etwas wiederfinden, was wir schon vor langer Zeit verloren glaubten – unser Innerstes. Deshalb sehe ich auch die alten Kraftorte als Fenster zur Vergangenheit meist von Magie und Mystik umgeben.

Wichtig für die Aura eines Platzes sind seine Ausrichtung zu den Kraftlinien und zu den anderen Kraftorten, seine Einbettung in die Natur und seine topographische Lage.

Bei megalithischen Steinsetzungen spielt oft auch der Standort im Zusammenhang mit der Sonnenwende und der Tag- und Nachtgleichheit eine wesentliche Rolle. Bei Kirchen sind es oft unterirdische Wasseradern, die ein besonderes Energiefeld hauptsächlich im Altarbereich verursachen.

Ein zweiter wichtiger Faktor eines Kraftortes ist der Zeitfaktor, das heißt, die Magie eines Ortes ändert sich mit dem Tagesablauf. Dies hängt unter anderem mit den sich verändernden Lichtverhältnissen zusammen, wobei besonders Morgen- und Abenddämmerung hervorzuheben sind. Nur dann stehen die Tore zur Anderswelt offen.

So entfalten beispielsweise Steinkreise und alleinstehende Menhire ihre volle Energie bei untergehender Sonne, wenn die Schatten lang und länger werden, wohingegen die Wirkung bunter Glasfenster in Kirchen oftmals mittags beim Höchststand der Sonne zum Tragen kommt.

Einen anderen wichtigen Zeitfaktor machen auch die Mondphasen aus. Viele Orte wirken bei Voll- oder Neumond besonders mysthischmagisch. Die Bilder, die man sich in der heutigen Zeit von einem magischen mystischen Kraftort macht, unterscheiden sich im wesentlichen von jenen, die noch vor Jahrzehnten vorherrschten. Damals war Luxus eine Seltenheit, heute hat man von ihm genug und die Natur ist rar geworden im Gegensatz zu damals.

Deshalb, wenn Sie einen Kraftort besuchen, seien Sie sich dort Ihrer Empfindungen bewußt. Können Sie, zu welchem Ort auch immer, keine gefühlsmäßige Beziehung aufbauen, so sollten Sie diesen lieber verlassen. Er ist dann nicht für Sie geeignet.

Es wäre schön, wenn Sie sich die Mühe machten, jeder von Ihnen aufgesuchten Stätte Heilenergie zu übermitteln, indem Sie zum Abschluß Ihres Aufenthaltes sich dort Ihre Stelle wählen, an der Sie auf Ihre ganz persönliche Weise dem Ort für das danken, was er Ihnen gezeigt hat. Damit tragen auch Sie zur notwendigen Heilung unserer Erde bei.

Der typische magische Ort ist der Kreis. In ihm schützte sich der Zauberer vor den Geistern, die er ruft, und auch in Hexenritualen spielt der Schutzkreis eine wesentliche Rolle. Dem Kreis haftet deswegen auch Zauberkraft an, weil er den Menschen völlig umgibt und ihn so vor den Dämonen der Außenwelt, jenen unberechenbaren Launen, schützt. In der Natur sieht man Kreise sehr oft und deutlich erkennbar bei Eiben, da ihre dichten Zweige den Boden unter ihnen kreisrund beschatten. In Großbritannien gibt es uralte Eiben, die schon immer einen ehemaligen keltischen Versammlungsplatz anzeigten.

Das Fenster in die Vorzeit

Alte Steine spielen in der Mystik und auch in der Magie immer schon eine wichtige Rolle. Steine und Steinkreise stellen Fenster in eine ferne Vergangenheit dar, die wir nicht mehr erfassen können. Stonehenge und die anderen Steinkreise in England gelten als Wirkungsstätten von Erdgeistern und Schlangengöttinnen des gehörnten Gottes.
In Cornwall hält man die Steine für die Geister der Riesen, die dort festgebannt sind.

Die christliche Kirche nahm sich nur zu gerne den alten Überlieferungen an und ließ die Steine zu den Geistern derjenigen werden, die den Sonntag entweihten. Dies waren Menschen, die zur Zeit der Sonntagsmesse verbotene Spiele bevorzugten – so sagt man es von den Steinkreisen The Hurlers (Cornwall) - oder Mädchen, die Sonntags tanzten, statt den Gottesdienst zu besuchen, wie im Fall der beiden Steinkreise »Merry Maidens« und »Nine Maidens«.

Andererseits brachte man zur Zeit der Hexenverfolgung in Avebury viele der Steinkreise zu Fall, da sie als Hexenversammlungsplätze galten. 1724 war nur noch wenig von der Magie der Steine zu spüren, als die ortsansässigen Bauern die Steinkreise mit Unterstützung der christlichen Kirche zerlegten. Heute jedoch ist in viele Kreise die Energie und die Mystik zurückgekehrt. Lassen Sie sich in den folgenden Zeilen und Seiten erzählen das dies wirklich so ist.

Lassen Sie sich mitreißen von den Naturenergien am Beginn der St.-Michaels-Linie in Carn les Boel. Sehen Sie mit meinen Augen, was der Steinkreis Merry Maidens zu bieten hat, Spüren Sie die Kraft und Energie der heiligen Quelle Madron Well. Lassen Sie sich entführen ins Avalon nach Glastonbury. Besuchen Sie mit mir Stonehenge in der Abenddämmerung. Kommen Sie mit mir auf eine spirituelle Reise zu den uralten Heiligtümern Südenglands. Auf der Suche nach Orten des Lichts und der Kraft auf und entlang der St.-Michaels-Linie.

Sie kamen aus der Dämmerung,
wanderten im Nebel der Jahrhunderte unerkannt
auf den Linien der göttlichen Kraft,
die das Land durchziehen.
Sie waren Eingeweihte.
Und kannten die Worte der Kraft,
Worte, welche die Pforten in die alten Welten öffneten.
Jetzt sind die Augen blind,
Stille umgibt alles.
Die Nebelfrauen haben die Herrschaft an sich gerissen.
Sie sind die Königinnen für den Augenblick.
Doch der Kreislauf der Sonne beginnt von Neuem.
Das Verlorene findet den Weg zurück in den Tag.
In dieser Stunde der Wahrheit sprechen wir die Worte der Macht.
Und die Sonnenstrahlen zerreißen das feingewebte Nebelnetz.
Aus Schmerz wird Freude.
Aus Kummer – Glück.
Wir sprechen die Worte der Macht
und selbst der Tod verliert seine Macht.

Es kann beginnen

»Ihr erfahrt einen Teil und meint, alles zu wissen. Ihr hört eine von tausend Vermutungen, die trübsinnige, freudlose Träumer spinnen, und denkt, die Wahrheit in Händen zu halten. Aber wißt ihr's? Nein! Nun, das erstaunt mich nicht. In diesem Zeitalter ist vieles vergessen, das man besser im Gedächtnis behielte.

Leider ist dies der Lauf der Welt. Ich bedarf keiner Seherkugel, keines schwarzen Eichenwassers noch feuriger Glut, um es wahrzunehmen. Die Energie ist stets bei mir. Sie ist nicht tot, sie schläft nur. Ich brauche nur ihren Namen laut auszusprechen und schon erwacht sie und steht mir bei. Großes Licht, wie lange muß ich noch warten? Allein erklimme ich die grünen Hügel von Avalon und trage einen anderen Namen, einen anderen von den vielen, die ihr zu kennen glaubt. Der Name, den ich nun trage, entspringt meiner eigenen Wahl, ein schlichter Name ohne jegliche Bedeutung. So bewahre und schütze ich meine Macht, und so soll es auch sein.

Ich versuche zu bewahren, glaubt mir aber, in der heutigen Zeit voller Toren und Dieben ist dies kein leichter Auftrag. Aber das war es noch nie. Schon von Anfang an bedurfte es meines ganzen Geschickes, dieser Aufgabe gerecht zu werden.

Die Wahrheit begreifen,
heißt nicht, alles zu wissen!
Das Vergangene und die Zukunft
kann sich dem Blick öffnen,
auch wenn das Einzelne verborgen bleibt.
Denn nicht alles muß sich unserem Zugriff preisgeben.

Ich komme aus der Unendlichkeit der Nacht, bin Wanderer durch Zeit und Raum, im Aufbruch zu den Sternen, bin Grenzgänger zwischen den Welten. Ihr wollt mehr wissen? Hört mich an!«

Land's End selbst ist vielleicht nicht so eindrucksvoll wie es der furchteinflößende Pointe du Raz der Bretagne, doch die Region westlich von Merazion steckt voller Geheimnisse und alter Monumente.

Über vielen dieser Täler liegt eine physische Dunkelheit als hätten Generationen von Strandräubern etwas von sich hinterlassen. Es gibt aber auch Oasen des Lichtes. Große Granittafeln, verwittert, abgewetzt, mit einer anderen mächtig darüber liegenden Granitplatte, um ein Dach zu bilden. Die Zeit hat ihre majestätische Schönheit nicht vernichtet oder ihre Magie schwinden lassen.

Die Steine, wie der natürliche Granit, der von der Natur aufgeworfen wird, trotzen sie den Jahrtausenden. Neben ihnen zu stehen, ob nun auf den Höhen von Dartmoor, im Farnkraut des Helmann-Tor oder in den Steinkreisen der Hurlers, ist, als würde man zu einem Astronauten in der Zeit.

Die Gegenwart verschwindet, Jahrhunderte lösen sich auf.

Hier auf den bemoosten Steinen Cornwalls spürt man die Essenz der Magie des Mysteriums selbst. Auch heute spürt man noch die Magie, die den Orten innewohnt und die darauf drängt, versöhnt zu werden. Beginnen wir mit unserer spirituellen Reise dort, wo auf der St.-Michaels-Linie alles beginnt, an einem verlassenen, einsamen, hoch über dem Meer liegenden Ort an der äußersten Ecke Cornwalls

Carn les Boel

Rauh und rissig, steil und steinig ist die Küste rund um Cornwall. Doch gleichzeitig von unvergleichbarer Schönheit und Mystik, weil ungezähmt und naturbelassen. Hoch über dem tosenden Meer schreitet der einsame Wanderer über den Klippenpfad und genießt den Augenblick der Stunde. Donnernd krachen tief unten die Wellen gegen den Felsen, schäumend spritzt die Gischt auf, vom Wind mit Leichtigkeit hundert Meter hoch auf die Spitze der Klippen getragen, wo der Wanderer den salzigen Meeres-Atem zu spüren beginnt. Es war einer dieser cornischen Sommermorgen: Nebel, Wind und Nieselregen! Von Trevilley führt der Pfad erst sichtbar, dann teilweise nicht zu erkennen, über Wiesen und Felder, vorbei an verschlafenen Farmen. Dann, etwa nach einer Stunde Fußmarsch, lag es vor mir: das Cliff Castle **Carn les Boel.**

Eigentlich sah alles ganz normal aus, wenn man bedenkt, hier sollte die starke Energie-Linie „St. Michael" in den britischen Kontinent fließen.

Licht, Energie, Spannung, Ruhe –
Ich gehe durch feuchtes Gras,
Gedanken wandern vom Jetzt zum Morgen,
Von der Vergangenheit in die Zukunft.
Laß uns den Wind spüren, den Tau probieren;
Laß uns in der Unendlichkeit versinken.
Ich bin Wanderer durch Zeit und Raum.
Unendliche Wege schließen sich zu einem Ganzen.
Ich lasse mich fallen, fühlen, tief
und bin glücklich!

Besser ist das Gefühl, die Energie, die Mystik und die Magie dieses Ortes nicht zu beschreiben. Dieser »very special place«, dieser »power point«, ist der Punkt, an dem die St.-Michaels-Energielinie, vom Atlantik kommend, ihre Reise quer durch Britannien beginnt.

Man fühlt sich hier wie zu Beginn der Welt. Man sitzt auf einem Fels, Luft, Wind, Sturm um einen, vor einem das Wasser und rundherum die Kraft der Erde und dieser Energielinie. Man fühlt sich am Beginn der Zeit! Was bin ich, was mach ich dort – ein Windstoß nur und man wäre ein Staubkorn in der Zeit. Das Gefühl hatte etwas Endgültiges. Hier und nicht weiter – hier war das Ende, aber auch der Anfang. Hier wanderte ich durch einen langen Tunnel umgeben von orangenem Licht; hier durchströmte mich die Frage nach dem Wie, Warum, Was,

Weshalb. Energieimpulse durchqueren die Nacht in Jahren, Tagen oder sekundenschnell – Brücken zwischen den Welten. An diesem Ort fließen Damals, Jetzt und Irgendwann zusammen in einem Augenblick!

Jetzt aufstehen!
Die Arme ausbreiten,
um im endlos währenden Flug
die Farben des Regenbogens zu sehen.
Den Tunnel des Schlafs
in umgekehrter Richtung durchqueren
und im Licht erwachen.

Auf altem Weg

Ich legte mich in der Sonne auf die Felsen und schloß die Augen. Unter mir spürte ich das Gras und den kühlen, festen Fels, auf meinem Gesicht die Sonne und den Wind.

Ich bin nicht ganz sicher, was dann geschah. Ganz prosaisch könnte man sagen, daß ich einschlief – aber die mystische Erklärung lautet wohl, daß ich meinen Körper verließ und in der Zeit zurückkreiste. Mein Astralkörper suchte sich einen Weg über einen der Pfade, die eher in der Zeit als im geographischen Raum existieren. Ich verfolgte den »alten Weg« so weit ich nur konnte, so weit es meine Gedanken erlaubten.

Dann war plötzlich alles verschwunden und ich wachte auf – oder kam wieder zu mir –, Sonne auf dem Gesicht. Ich lag immer noch auf dem Fels am Carn les Boel an diesem Sommermittag kurz vor Anbruch des zweiten JahrtausendsIch musste mich nun entscheiden, welche Richtung ich wählen sollte. Gehe ich auf der St.-Michaels-Linie zum St. Michaels Mount oder verfolge ich die Mary-Linie zur Alsia Holy Well? Ich entschied mich für den alten Weg auf der Mary-Linie.

Er sollte mich über die Heilige Quelle, den Steinkreis Boscawen-Un, Merry Maidens zum gemeinsamen Treffpunkt der Linien auf dem St. Michaels Mount führen.

Wo das unterirdische, aus geheimnisvollen Tiefen hervorquellende Wasser aus der Erde bricht, entstanden schon in uralten Zeiten Orte mit besonderer Anziehungskraft. Ihnen wurden oft besondere und magische Kräfte nachgesagt. Es konnten Plätze der Heilung, der Vision, der Orakel, der überirdischen Freunde, aber auch des Lichtes der Kraft der Naturgeister und vieles mehr sein.

Ich verließ Carn les Boel – und die Sonne verschwand, Nebel zog auf. Die Natur, die baumbegrenzten Wege, die Ruhe, es war unmöglich, sich der Magie der Landschaft und des Momentes zu entziehen. Erinnerung aus meiner Kindheit, nach Geheimnissen, von mystischen Plätzen machten sich breit in meinem Kopf.

Nahe der Quelle stehen die uralten, geweihten Bäume der alten Zeit. Seit Jahrhunderten stehen sie hier geduldig. Einst gepflanzt mit magischem Feenstaub. In die Erde versetzt von den alten Meistern der Mysterien als Symbol der Weisheit, der inneren Kraft und Einigkeit.
Als Botschafter einer mystischen Zeit sind dieses lautlose Bindeglieder zwischen dem, was war, und dem, was ist, und dem was werden wird. Wächter über das innere Land, das nur die Kundigen betreten dürfen.

Entlang der Straße nach Lower Alsia, über ein Feld, und schnell findet sich der suchende Wanderer an der heiligen Quelle, in der Nähe eines Baches. Alsia Holy Well hat eine reiche Vergangenheit und wurde wie die Kirche von Euny oft besucht, besonders zwischen den ersten drei Mittwochen im Mai. Das Wasser dieser friedlichen mystisch-magischen Quelle fließt nicht weit entfernt in einen kleinen Strom, der die See bei Penwerth trifft. Um die Quelle herum ein breiter Pflanzengürtel, ein Feuchtgebiet, wo nur einige schlammige Ausbuchtungen auftauchen. Hier hängen die Bäume und Sträucher voll mit bunten Bändchen, denn hier entspringt eine Wunschquelle.

Man kann für jeden Wunsch einen bunten Stoffstreifen oder ein Haarband aufhängen. Ich spüre das Geheimnis der heiligen Quelle. Die kraftvolle Energie der Mary-Linie durchfließt Alsia Holy Well. Ich probiere das kühle Naß, und suche mir dann einen Platz zur Meditation.

Als Botschafter einer mystischen Zeit bin ich das lautlose Bindeglied zwischen dem, was war, dem was ist, und dem was werden wird. Gedankenblitze durchfahren meinen Kopf, lösen sich aus der Gemeinsamkeit von dem Schwerelos einem neuen Sein entgegen.

Ein sanfter Sog entsteht. Ich lasse mich führen, fallen durch die starken mächtigen Energien der Linie leiten. Ich tränke den Boden, versehe ihn mit neuer Kraft, lasse ihn atmen, neue Lebenssäfte produzieren und seinen kraftvollen Duft von nasser Erde, Edelholz und Laub durch die Lüfte ziehen. Während ich die Grenze zu einer neuen Einheit überschreite, durchflutet mich ein goldenes Licht, und schenkt mir Liebe, Frieden und Geborgenheit. Meine Aufmerksamkeit wendet sich langsam von innen nach außen. Ich nehme Geräusche um mich herum wieder wahr. Und während ich noch ein paarmal tief ein- und ausatme, komme ich mit meinen Gedanken wieder in die Gegenwart zurück. Ich bin wieder da!

Boscawen-Un

1,5 Kilometer nördlich von St. Buryan und etwa eine halbe Stunde Fußweg südlich von der A 30 findet man Boscawen-Un. Seine 19 Steine mit einem Mittelstein sind vielleicht der interessanteste Ring im südlichsten Cornwall. Ein abgeflachter Kreis mit einem Mittelstein der nach Osten geneigt ist. Nach William Barlases (Antiquities of the Country of Cornwall) wurden am Zentralstein Prinzen gewählt oder Dekrete erlassen. Der Steinkreis ist schwer zu finden; mühsamer Weg durch Brombeeren und Stechginster. Der Trampelpfad stark zugewachsen. Ich bin überzeugt davon, daß ich auf einem der »Old Tracks« einen heiligen Weg gehe.

Der Kreis liegt total verborgen im Gestrüpp, ist fast heil. Die einzelnen Steine wieder ziemlich klein.

Schon am Eingang zeigt der Kreis, wie stark er ist. Es bitzelt in den Fingern. In diesem Steinkreis fühle ich mich rundum wohl. Mag sein, daß es durch die männliche Energie ist.

Vor der Meditation schließe ich den Steinkreis zum Schutz und stelle mich an den im Mittelpunkt befindlichen Menhir. Hierbei muss es sich um eine Energiequelle handeln. An dieser Stelle strömt Energie aus dem Boden und möglicherweise auch aus dem Kosmos. Die Wirkung des Mittelpunktes wurde durch zusätzliche Maßnahmen verstärkt. Man findet hier vier Steine nach dem Mittelpunkt, im Boden vergraben. Bei der Meditation am Mittelstein sehe ich wieder den Sonnengott, dem ich schon an der Augustinus-Quelle in der Nähe der Externsteine begegnet bin. Es muss wohl etwas mit der Sonnenlinie zu tun haben. Dann lege ich meine Bergkristallpyramide oben auf die Spitze – dies veränderte die Situation radikal. Es ist eben immer wieder erstaunlich, was kleine Dinge bewirken können. Nach der Meditation öffne ich den Kreis wieder und bedanke ich mich bei denen, die bei mir waren.

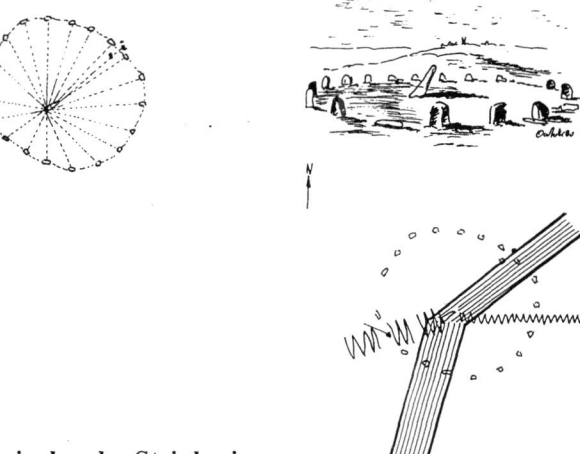

Boscawen-Un: Energieplan des Steinkreises
Der Verlauf der Mary-Linie konnte klar gefühlt werden.
Außerdem wurden Energielinien Gefunden, die alle Steine des Kreises miteinander verbinden.

Es dauert nur wenige Minuten, um den Weg der St.-Mary-Linie festzustellen und zu verfolgen. Die Linie tritt in den Kreis ein zwischen
dem ersten und zweiten Stein auf der linken Seite des mittleren
Quarzblockes, der in der Mitte des Kreises steht. Und sie verläßt den
Kreis zwischen dem dritten und vierten.

Doch dabei bleibt es nicht. Eine andere Linie kommt von Norden her
und läuft bis zum zentralen Stein und ist dort zu Ende, läuft nicht
weiter, sie ist dort zu Ende. Man findet hier ein großes Kreuzungs-
system. In der Mitte des Kreises fühlte ich starke Energien und Fri-
sche im Kopf. Der Stein in meinem Rücken pulsierte. Ein kräftiges
Erlebnis des Boscawen-Un.

Rechts und links der St. Michaels Line

Verlassen wir nun den Weg der St.-Michaels-Linie und besuchen einige mystische und energiereiche Punkte im südlichen Cornwall.
In der Nähe von Boscawen-Un liegt der Steinkreis Merry Maidens.
Eine wahre Oase des Lichtes. Der wohl bekannteste Steinkreis Cornwalls ist der Schändung entgangen, da die Menschen Cornwalls Re-
spekt haben vor Steinen und sich nicht dem Fanatismus hingeben,
dem ein großer Teil Aveburys und die meisten Ringe von Wales zum
Opfer gefallen sind.

Über 100 Menhire, Steinkreise und andere Werke aus alter Zeit gab
oder gibt es hier im südlichen Cornwall. Heute ist Merry Maidens
(Dawns Myin, die lustigen Jungfrauen) mit den verschiedenen Stein-
formen in der Umgebung die bekannteste Stätte. Ein Rundgang und,
weiter entfernt, zwei hohe Steine – The Pipers – bilden eine Linie
nach Norden. Es gibt Steine mit Löchern nach Nordosten und West-
Nord-Westen.

Die 19 Ringsteine des Merry-Maidens-Kreises sind noch alle vorhanden und bis zu vier Fuß hoch. Man findet ihn nicht weit von Lamorna,
etwa zwei Meilen südöstlich von St. Buryan.

Der Steinkreis liegt auf einem sanften Hügel und hat einen Durchmesser von 77,8 Fuß mit einem Eingang im Osten. Er weist Peilsteine im Westen auf und steht mit zwei weiteren Steinen von zwölf oder sechszehn Fuß, den Pipers, in Verbindung.

Diese friedvolle, unberührte Stätte (im Sommer kann man davon nicht mehr sprechen, denn die Touristen fallen hier ein wie sonst eigentlich nur in Stonehenge) ist ein Beleg von einer Eigenschaft, die wahre Steinkreise immer schon hatten: Die Fähigkeit, Energie zu speichern. Sobald das Pendel zu schwingen begann, spürte ich in der Hand, die auf dem Stein ruhte, ein Kribbeln, wie von einem leichten elektrischen Schlag. Das Pendel schlug aus, bis es fast parallel zum Boden kreiste. Der Stein schien zu zittern, fast zu tanzen.

Doch wie kommen diese Steine zu ihren elektromagnetischen Schwingungen? Kann es archetypisch sein? Denn wenn eine Menge erregter Menschen im Kreis tanzen, entstehen große Mengen Bioelektrizität. Geschieht dies in einem Kreis aus Steinen mit Lücken dazwischen, dann haben wir eine Art von Dynamo. Elektromagnetische Felder von Steinen, Bäumen und Wasser absorbieren die Bioelektrizität nach außen. Die so gespeicherte Energie kann von denen angezapft und genutzt werden, die sich auf diesen Ring einstimmen. Wer sich etwas mit Magie auskennt, wird dies verstehen.

Der Granit speichert die Energie wie es nur Bäume für kürzere Zeiträume tun können. Dass die Kraft hier wohltätiger Natur war, ist Intuition und kann nicht bewiesen werden. Doch das Gefühl ist ganz deutlich.

Jenen, so wie mir, die empfänglich sind, schenkt dieser Steinkreis eine unvergeßliche Erfahrung von friedvoller, schöpferischer Energie, wie sie kein anderer Ring in dieser Stärke bieten kann. Und man kann die Energie auch heute noch sehen, für die, die es wollen. Ich sah einen Lichtkranz hell, weiß und ein wenig nebelig sowie eine Energiehaube, die sich von den Steinen aufwärts wie eine Kuppel zusammenfügte zu einem Energieschutz.

Merry Maidens

THE PIPERS

STANDPUNKT

Knisternde Magie liegt über dem Ort
Leise Töne öffnen die Sinne.
Vor den Augen Unwissender verborgen
Tanzen die Feen.
Zarte Töne weben ein betörendes Netz.
Wie leuchtende Schatten
Schweben Elfen im Rhythmus der Musik.
Stunden werden zu Sekunden,
Jahre zu Minuten.
Dann, bevor man sich in der Unendlichkeit verliert,
ist alles aus!
Zurück bleiben Augenblicke von
Licht und Schatten, Liebe und Glück,
Schmerz und Heilung.

Neben Stonehenge und Avebury gehört dieser Steinkreis zu meinen Lieblingskreisen. Da Merry Maidens ein weiblicher Steinkreis ist, ist die Energie ganz zart und nach innen hin zu spüren. Nachdem ich mein Ritual der Kontaktaufnahme abgeschlossen habe – ich möchte dazu wenig erklären, für Befähigte ist dieses Ritual selbstverständlich –, kann es beginnen. Durch dreimaliges Umkreisen gegen den Uhrzeigersinn der Steine habe ich den Schutzkreis geschlossen, damit keine Fremdenergie hineingelangen kann. Jetzt ist der Kreis aktiviert, und nach einer Weile ist sie da, die Energie. Es ist ganz hell! Sie gibt mir Stärke, Schutz, Licht und Liebe.

Wie ich es von außen gesehen habe, bemerkte ich es jetzt auch von innen – ich stehe in einem Lichtring. Also konnte ich die alten Energien wiederbeleben. Langsam beende ich dann die Meditation und hebe den Schutzkreis auf. Ein schöner Tag, eine schöne Zeit in diesem sehr weiblichen Steinkreis.

Es geht weiter. Ganz in der Nähe stehen »The Pipers« –
zwei große Menhire, die einzeln je in einem Feld stehen, aber auf einer Linie miteinander verbunden sind. Am ersten dieser beiden großen Menhire ist eine starke Kraft spürbar mit einer kosmischen Anbindung. Für mich ist es erlaubt, diesen Stein zu berühren, Angelika sollte laut Pendel dies nicht tun – Vorsicht!

The Pipers: Zwei große, alleinstehende Menhire

Der Tag neigt sich dem Ende zu. Für heute endet mein Weg hier im südlichen Cornwall. Morgen wird ein neuer Tag sein.

Heiliges Wasser – Madron Well

Die frühesten geweihten Stätten waren wahrscheinlich Wasserquellen. Auch bis weit ins Mittelalter hinein fand die Energie einer solchen Quelle Berücksichtigung, indem nicht nur megalithische Steine, sondern selbst christliche Kirchen auf unterirdischen Wasseradern – sogenannten blinden Quellen – gebaut wurden.

Wo das unterirdische, aus oft geheimnisvollen Tiefen hervorquellende Wasser aus der Erde bricht, entstanden schon in uralten Zeiten Orte mit besonderer Anziehungskraft. Ihnen wurden oft besondere und mystisch-magische Kräfte nachgesagt. Es konnten Plätze der Heilung, der Visionen, der Orakel, der überirdischen Freuden, des Lichtes, der Kraft, der Naturgeister, der Verjüngung, der Schönheit, des Wahrsagens, der mystischen Stille, aber auch der Rückerinnerung, der Klarheit und der Reinigung sein. Neben den heiligen Quellen von Alisia und Euny, hier im südlichsten Cornwall, ist wohl die heilige Quelle von Madron Well eine der schönsten.

Madron Well ist eine Quelle der Visionen und des Orakels. Sie liegt in West Penwith im äußersten Südwestens Cornwalls und ist eine keltische Kapellenruine. Die vier Wände sind noch gut erhalten. Der uralte steinerne Altartisch steht im Osten der Ruine, im Westen plätschert das Quellwasser in einer Fassung.

Von der eigentlichen Quelle, die unweit außerhalb der Kapelle entspringt, wird das Wasser in die brunnenähnliche, stark efeubewachsene Fassung geleitet. Hier hängen auch immer die bunten Wunschbändchen. Heute liest man in vielen Büchern, daß diese Ruine einstmals eine Taufkapelle gewesen sein soll, wohin christliche Mütter mit wahrscheinlich unbewußt heidnischen Neigungen ihre Kinder zur Taufe brachten. Und eine ältere Überlieferung beschreibt, daß man sich mit dem Wasser der Madron Quelle waschen sollte, wenn man sich herumquält mit peinigenden Träumen oder wenn man auf seiner Brust ein bedrückendes Gefühl verspürt, als würde einem der Atem genommen.

Heute ist die Quelle nur sehr schwer zu finden. Obgleich auf der Landkarte verzeichnet, etwa eine Meile oberhalb von der Kirche von Madron, war der betreffende Wegweiser verrostet und verbogen und zeigte auf die Erde. Wenn man mit dem Auto kommt, biegt man in Penzance von der A 20 in Richtung Madron ab und trifft kurz hinter dem Ort auf eine Straßenkreuzung, die nach rechts dann abbiegt auf eine der bekannten schmalen Cornwallstraßen, um dann in die Nähe der Kapelle und der Quelle zu führen.

Ohne auf Dornen- und Brombeergebüsch zu achten versuchte ich, in das Dickicht einzudringen. Der Pfad war gewunden und feucht, der früher vielbeschrittene Weg triefte von Schlamm und war von einem Gewirr von Zweigen mannshoch überwachsen. Die verschlungenen Zweige behinderten mein Vordringen, lange Brombeeräste klammerten sich an meine Schultern und wanden sich um meine Brust. Es war wirklich eng, schlammig und bedrückend. Irgendwo, ganz in der Nähe und doch außerhalb meiner Reichweite, mußte die Quelle sein. Diese Quelle, in die Frauen jahrhundertelang ihre Kinder nackt eingetaucht hatten.

Rechts und links vom Weg stehen bizarr geformte Bäume und bilden das Gerüst für diesen grünen Tunnel. Einige haben ausgestreckte Arme mit großen Händen und knorrig langen Fingern. Andere schauen auf mich herab. Einige beäugen mich griesgrämig, andere lächeln freundlich. Vielleicht sind es ja auch Wächter dieses Ortes.

Links vom Weg liegt ein breiter Gürtel, ein Feuchtgebiet, wo nun einige schlammige Ausbuchtungen auftauchen. Hier hängen die Bäume und Sträucher voll mit bekannten bunten Bändchen, denn hier im Feuchtgebiet entspringen sogenannte Wunschquellen. Man kann für jeden Wunsch einen bunten Stoffstreifen oder eine Haarspange aufhängen. Und dann lag sie vor mir: diese alte keltische Kapellenruine mit Wunschbrunnen. Aber wo war der Zauberbrunnen, die Zauberquelle selbst, die klar und niemals faulig aus dem Boden sprudeln sollte, aus unbekannten Tiefen der Erde aufsteigend.

Ein Geriesel unter einem Stein, wenige Meter entfernt und dort, wo das Dickicht am dichtesten war, hob sich meine Stimmung. Dort, wo es am schlammigsten war und wo man wirklich nicht hin konnte, da entsprang Madron Well.

Ich gehe zurück zur Kapellenruine, stelle mich vor den Altar und mache meinen Kopf ganz leer, versuche die Energien dieses mystischen Ortes in mich aufzunehmen.

Ich habe meine Augen geschlossen und mache mich bereit für eine kleine Reise in die Anderswelt. Eine tiefe innere Ruhe umgibt mich, ich fühle mich frei. Ich mache mich als Kanal frei, atme gleichmäßig ein und aus und verfolge den Weg meines Atems, meiner Gedanken. Jetzt spüre ich die Stärke, die männliche Stärke dieses Ortes. Orangenes Licht mit gelben Blitzen umströmt mich. Die Kräfte fließen sanft und frei durch meinen Körper.

Ich gebe mich ganz diesen Energien hin und verbinde sie mit dem Wissen um meine innere Stärke. Sanft werde ich davongetragen, leicht schwebend liege ich in der Mitte der Energien. Ein ruhiges schönes Gefühl durchströmt mich. Bilder blitzen auf. Bilder aus uralten Zeiten. Bilder von Frauen, die hier ihre Kinder gebadet haben, vom Sonnengott.

Dort, wo das Wasser tiefschwarz dunkel sprudelt verheißt es erlösenden Schlaf. Bei den Unsichtbaren, die uns vorausgegangen.

Ein sanftes Gefühl von Geborgenheit umhüllt mich. Die Quelle in meinem Rücken plätschert sich nun langsam aber unaufhaltsam in mein Bewußtsein ein, und die visuellen Eindrücke verblassen. Das Plätschern wird immer lauter, es füllt meinen ganzen Kopf, meinen Körper. Sonst ist nichts zu hören. Nur dieses Plätschern in mir und um mich herum. Und wie vorausgesagt, das am Anfang bei mir starke bedrückende Gefühl in meiner Brust verschwindet – muß schon was dran sein an dieser Überlieferung, oder?

Ich bedankte mich bei allen guten Geistern dieses Ortes und machte mich auf den Rückweg, von einer heiligen Quelle, die mich noch lange faszinieren würde. Ein wunderschöner und verwunschener Ort.
Zum Parkplatz zurückgekehrt und auf der Straße hinunter umhüllte mich plötzlich Nebel und verbarg hinter mir das ganze West Penwith. Das Hochland war samt dem Schwung der gewölbten Küste verdunkelt. Denn der Nebel, der feuchtkalt vom Meer ins Land rollte, verdrängte mit der Vergangenheit auch die Gegenwart. Der Einbruch des Nebels war traurig und symbolisch für eine schwindende Zeit, als wäre dieser Ort tabu für Fremde.

Doch beim Rückblick entdeckte ich etwas Außergewöhnliches. Über dem Ort, dort, wo die Kapelle stehen mußte, öffneten sich die Wolken, und ein Sonnenstrahl fiel herunter. Bezeichnend für diesen Ort, denn dieser hinterließ ein sonniges Gefühl in mir.

Keltische Kreuze

Für die Suche nach keltischen Kreuzen begibt man sich am besten nach Cornwall, das eine große Anzahl von ihnen vorzuweisen hat.
Solche Steinkreuze wurden häufig an Plätzen mit besonders hoher Erdenergie aufgestellt. Man versuchte vermutlich ursprünglich, mit den Steinen die Kräfte der Erde zu harmonisieren.

Ein typisches altes keltisches Kreuz steht ganz unbeachtet an der Straße von Penzance nach Madron in Cornwall. Sie fahren von Penzance in Richtung Morvah und biegen in Madron nach Osten auf eine kleine Sackgasse ab, wo das Kreuz auf der rechten Seite steht. Der hellgraue Stein ist vom Regen völlig verwaschen und weist auf seiner Ostseite ein Kreuz mit einem Loch im Mittelpunkt auf, an der Westseite eines ohne Loch.

An diesem sehr einsamen, auf einer Heidefläche stehenden Kreuz kommen besonders Energiephänomene zum Tragen, die mich tief entspannend meditieren ließen.

Bei anderen keltischen Kreuzen spürte ich das nicht in diesem Maße, was einerseits an ihrer Umgebung und andererseits wohl auch daran lag, daß sie nicht an derart aufgeladenen Plätzen wie der Hochebene von Land's End stehen. Vielleicht liegt es auch daran, daß dieses Kreuz in der Nähe des heiligen Brunnens Madron Well steht.

Der Stein mit dem Loch

Wer an megalithischen Steinsetzungen interessiert ist, der sollte unbedingt nach Cornwall fahren, wo er auf kleinstem Raum in schönster einsamer Umgebung so viele derartige Baudenkmäler findet, wie sonst nirgends in Europa.

In Cornwall gehören Magie und die megalithischen Zeugnisse längst vergangener Kulturen untrennbar zusammen. Etwas ganz besonderes ist dabei Men-an-Tol.

Men-an-Tol:
Der Stein mit dem Loch

Man fährt auf der B 3306, der Straße von Morvah über Madron nach Penzance und parkt sein Auto am Men-an-Tol-Studio. Das Wetter an diesem Tag war mal wieder typisch britisch: es nieselte und Nebel zog auf. Ich war auf dem Weg zum Men-an-Tol, diesem Stein mit Loch, wo je ein phallischer Stein einem Lochstein gegenübersteht. Man nimmt an, daß es hier sogar einen Steinkreis gegeben hat.

Eine sogenannte »Stony Lane« führt von der Hauptstraße zu dieser Steinsetzung. Schon am Anfang des Wegs spüre ich starke Kraft die aus dem Boden steigt. Man wandert etwa eine halbe Stunde und kommt dann auf der rechten Seite zu einem Gatter, was man übersteigen muß, und dann geht es noch einmal 100 bis 150 Meter über eine Wiese und man steht vor Men-an-Tol. Ein Lochstein inmitten einer wunderschönen Moorlandschaft. Das Auge kann dabei so richtig in die Ferne schweifen.

Es gibt mehrere solcher Lochsteine in Cornwall. Men-an-Tol jedoch ist mit Abstand der populärste. Noch im 19. Jahrhundert herrschte der Glaube, wer neunmal durch den Lochstein krieche, würde dadurch vom Rheumatismus befreit. Nebel zog weiter auf. Es nieselte immer stärker. Man hörte das Tuten der Nebelhörner vom Meer, aber die Atmosphäre war mystisch. Men-an-Tol tauchte aus dem Nebel auf. Ich war hier ganz alleine.

Wenn man diesen Ort betritt, spürt man einmal männliche, aber auch mal weibliche Energie. Wenn man alleine ist und ein wenig in sich geht und meditiert und zu den spürenden Menschen gehört, kann man die Stille und den Frieden dieses Ortes gut spüren.

Heute dagegen, trotz Schwellenzeit (es war gegen 12 Uhr mittags) war nichts, wie es einmal sein sollte. Die Atmosphäre war mystisch-magisch, aber die Nebel verhüllten uns die Energien und den Zugang zur Anderswelt. Ich bedankte mich bei allen Geistern dieser Steinsetzung und versuche es vielleicht an einem anderen Tag mal.

Wenn man weiter wandert, kommt man an einer sehr verfallenen Hütte vorbei, und dort teilt sich der Weg viermal. Laut Karte muß man den mittleren Weg benutzen, um zum Boskednan-Steinkreis zu kommen, auch als Nine Maidens bekannt. Der stark ruinierte Ring steht mitten im Moorland. Im Original hat dieser Kreis wahrscheinlich 22 Steine in einem Kreis von 21,8 Meter Durchmesser. Heute stehen nur noch etwa sechs Steine. Eine Menge sind vermisst.

Boskedan-Steinkreis oder Nine Maidens im Nebel

Doch irgendwie waren die Erdkräfte oder die Landgeister und Feen heute gegen mich. Je näher ich dem Steinkreis kam, je dichter wurde der Nebel, je stärker nieselte es. Außerdem ist bei so einem Wetter das Moor nicht gerade einfach zu begehen. Nach vorne war keine Sicht und nach hinten war nichts mehr zu sehen. Ich spürte die Ablehnung der Moorgeister, ich sollte heute und auch beim zweiten Mal diesen Steinkreis nicht betreten. Später dann habe ich es ausgependelt und der Grund war klar für diese Mißlichkeiten. Auch das Pendel riet mir, diesen Steinkreis zu meiden.

Auch der zweite Versuch, etwas mehr bei Men-an-Tol zu spüren und Nine Maidens zu besuchen, gingen in Nieselregen und dichtestem Nebel unter.

Lanyon Quoit

Wenn man Men-an-Tol besucht hat, sollte man unbedingt am Lanyon Quoit einen Zwischenstop einlegen (unübersehbar an Straße von Penzance nach Madron gelegen). Es handelt sich hier um ein Galeriegrab, das von einem langen Stein abgedeckt wird.

Waren die Steinkreise in Cornwall eher menschlichen Attacken ausgesetzt, so wurde Lanyon Quoit 1816 von der Natur besiegt. Bei einem ungewöhnlich starken Sturm fiel das Grab in sich zusammen. 1824 machte man sich an die Restaurierung, wobei man leider nicht die vormalige Höhe berücksichtigte. Früher konnte ein Reiter Lanyon Quoit ohne weiteres passieren, heute würde sich schon das Pferd den Kopf stoßen. Man nimmt an, daß Lanyon Quoit etwa um 2000 vor Christus entstanden ist. Die besondere Kraft dieses Monumentes drückt sich in seiner Präsenz direkt an der Straße aus. Hier steht es wie ein untrügliches Zeichen, wie ein Mahnmal aus längst vergangenen Zeiten.

Ganz in der Nähe liegt ein geheimnisvoller kleiner See, ein märchenhaft schwarzes magisches Gewässer. Eine kleine Meditation an diesem See läßt Erstaunen hervorkommen: Ich sehe Menschen, die diesen Kultplatz nutzen für rituelle Waschungen und Feiern. Ich sehe den Ablauf des Lebens in den letzten Jahrzehnten rund um dieses Steingrab. Ich glaube, daß hier noch ein Archetypus starke Informationen aussendet (ein Archetyp ist im wesentlichen eine Erinnerung, die weiterbesteht, nachdem das Individuum oder die Gruppe, die sie hervorgebracht hat, nicht mehr existiert).

Ich glaube, ich habe sie durch meine visuelle Vorstellungskraft wieder wachgerufen. Für heute versuche ich, den Angriffen der Natur zu entgehen, bedanke mich bei allen Wesen, die mich heute in ihre Welten eintreten ließen und begebe mich auf den Heimweg.

Aus längst vergangenen Zeiten: Lanyon Quiot

Tregesal-Steinkreis

In einem urwüchsigen Moorgebiet bei St. Just in West-Cornwall findet man den Tregeseal-Steinkreis. Einen Steinkreis, der mit Venus und Mars in Verbindung steht. Er ist weiblich und männlich und bildet doppelte Energien. Man findet den Steinkreis etwa 1 1/4 Meilen nordöstlich von St. Just. Erst auf einer Straße später auf schmalem Trampelpfad, der über eine Wiese ins Inneres des Steinkreises führt. Jetzt im Juli ist alles stark bewachsen, und man kann fast an diesem Steinkreis vorbeilaufen.

Wenn man den Steinkreis betritt, kommt man sehr schnell zum Mittelpunkt, einem kleinen, runden Fleck von etwa 25 Zentimeter Durchmesser, wo kein Grasbewuchs mehr vorhanden ist. Rund um den Kreis führt ein ganz schmaler Pfad, um den Kreis zu schließen und zu öffnen. Beim Betreten des Kreises können sensible Menschen sofort eine Veränderung feststellen. Denn das Licht wechselt, wenn man in den Steinkreis hineintritt. Es wird heller. Der Kreis selbst strahlt eine sehr, sehr starke Ruhe aus, trotz daß es ein männlicher Steinkreis ist, denn alle Steine sind spitz. Merkwürdig ist auch, daß die Steine Wärme ausstrahlen.

Das Gebiet hier Nähe St. Just beinhaltete eigentlich zwei Steinkreise, wobei der im Westen liegende komplett zerstört wurde im Februar 1961, als man das Land bereinigt hat. Der östliche Ring hat einen Durchmesser von 22 Metern. Wie einige andere Steinkreise hier in der Nähe von Land`s End sollte auch dieser 19 Steine enthalten. Der Tregeseal-Steinkreis ist auch bekannt als The Dancing Stones, wo junge Mädchen ihre Rundtänze am Sabbat aufführten.

Der zweite Besuch dieses schönen Kreises erfolgt zu Vollmond.

Magische Kraft gelangt auf eine von zwei Arten in den Körper, begann ich laut zu zitieren, in dem Versuch, meine Angst zu besiegen und mein Selbstvertrauen wiederzugewinnen ...durch die himmlischen Reiche oben oder durch die Elementarreiche unten.

Nach den neun mystischen Atemzügen füllte ich meinen Körper mit Mondlicht und nach einigen Minuten, die ich in diesem zeitlosen Versenkungszustand verbrachte, pulsierte in meinen Armen und Beinen der magische Fluß, der meine Bereitschaft anzeigte, Kontakt aufzunehmen.

Ich betrat den Steinkreis. Als ich den Rand erreichte, hörte unvermittelt der Wind völlig auf, während sich eine wachsame Stille auf das darin herrschende Halbdunkel senkte. Angst – ... Zweifel kann töten, ermahnte ich mich selbst, Gefühl trübt die Urteilskraft.

Und dann sah ich sie. Eine Reihe dunkler Gestalten zogen auf den Steinkreis zu. Hoch am Himmel stand der volle Mond, kalt und weiß vor dem Hintergrund purpurfarbener Wolken. Doch der Platz war wild und schön. Hier scheint das Land mehr den Elementen ausgesetzt und ziemlich stürmisch zu sein.

Diesem Ort war wirklich eine ungewöhnliche Atmosphäre zu eigen – ein Gefühl, das ich inzwischen mit Plätzen wirklicher Macht in Verbindung brachte. Schweigend folgte ich dem Marsch der Gestalten.

Meine Aufmerksamkeit wurde durch eine alte Stimme eingeholt. Im Nebel der alten Energien stand dort ein Druide mit erhobenen Händen und hatte die Augen aufwärtsgerichtet – auf der Suche nach Inspiration, die Kraft herbeizuziehen, um einen entscheidenden Akt priesterlicher Magie auszuführen: die Anrufung des Feuers ... Die Luft war erfüllt von magischer Spannung.

Und dann wurde meine Aufmerksamkeit durch eine Stimme in die Gegenwart geholt, eine Stimme, die meinen Namen laut in die Nacht hineinrief. Im gleichen Augenblick waren alle Bilder der Erscheinungen verflogen, weg. Was blieb, war ein wunderschöner Steinkreis, Vollmond und eine Frau, die es wert ist, sie zu lieben und zu begehren. Zu dieser Nacht ist nichts mehr zu sagen. Nur noch Erinnerung.

Der magische Berg

Es geht weiter auf der St.-Michaels-Linie. Entlang der Meeresgestade, bis man auf einer kleinen Insel ein paar hundert Meter vor der Küste eine Burg aufragen sieht. Das ist St. Michaels Mount, das englische Gegenstück zum französischen Mont St. Michael. Für die meisten südenglischen Kraftlinien scheint dieser Berg, das Gegenstück – wie schon gesagt – zum französischen Mont St. Michael ein zentraler Ausgangspunkt zu sein.

König Eduard der Bekenner schenkte diesen Berg den Benediktinern, die hier ein Kloster und eine Kirche errichteten. Diese Gebäude fielen nach der Auflösung der Klöster unter Heinrich VIII. der englischen Krone zu und wurden zugleich zur Seefestung aus- und umgebaut. Soweit die Daten, die belegt sind.

Der viel romantischeren Überlieferung zufolge lebte auf einer Insel vor der Küste ein keltischer Heiliger als Einsiedler, der eine Vision vom Heiligen Michael hatte. Daraufhin wurde hier 1044 eine dem Erzengel geweihte Kirche gegründet.

Es gibt aber noch weitere Möglichkeiten. Nach anderen Überlieferungen soll St. Michaels Mount der Überrest des versunkenen Landes Liones sein, das in vorgeschichtlicher Zeit wie Atlantis in den Fluten verschwand.

St. Michaels Mount – der Magische Berg

In der heutigen Zeit bietet der *Magische Berg* jedem etwas besonderes: Dem Touristen, der sich den Berg und die Festung anschauen will, aber auch dem Fühlenden, der nach der Kraft der St.-Michaels-Linie sucht. Das besondere dieses Berges ist seine üppige subtropische Vegetation.

Das Schloß und die Pflanzen lohnen deshalb einen Ausflug. Bei Ebbe kann man von Marazion zu Fuß hinübergelangen. Für den Suchenden lassen sich hier die Erdkräfte, die durch den Drachenkämpfer Michael symbolisiert werden, noch sehr, sehr deutlich spüren.

Ein kleiner Exkurs: Die Erdenergien eines Ortes werden in den Mythologien weltweit als Drachenkräfte versinnbildlicht. In England hat die christliche Kirche die Tötung der Schlange mit der Figur Georgs verknüpft, der ähnlich wie der Heilige Michael als Drachenbezwinger auf vielen Abbildungen zu sehen ist.

Also beginnen wir mit dem Aufstieg. Bei Ebbe spaziert man auf einem Damm zur Felseninsel hinüber; bei Flut gelangt man nur mit Booten dorthin. Ist man drüben, kann man schon spüren, was einen auf der Insel erwarten wird. Das Kastell auf der Spitze des Berges bietet ein freundliches und aufnehmendes Gefühl. Beschwerlich der Aufstieg durch Garten und tropische Bepflanzung. Wenn man oben ist, hat man einen herrlichen Blick über die Küste.

Und dann der Innenhof. Vor und neben der Kirche beginnt man die Kraft der Michaels-Linie zu spüren. Sie ist dort sehr, sehr stark. In der Kirche selbst verstärkt sich die Energie noch. Am stärksten fühlt man sie vorne, rechts, seitlich, vor dem Altar. Die Energie wirkt angenehm.

Ich stelle mich auf diesen Platz und fühle gleich, ich befinde mich unter Freunden. Ich habe meine Augen geschlossen und mache mich bereit für eine Reise in eine andere Welt. Eine tiefe Ruhe umgibt mich. Ich fühle mich frei. Ich öffne mich als Kanal, atme gleichmäßig ein und aus und verfolge den Weg meines Atems.

Gedanken, die abschweifen, hole ich langsam wieder zurück, schenke meine Aufmerksamkeit der Energie der St.-Michaels-Linie. Ich kann sie in ihrer Stärke spüren. Ihre Kräfte fließen sanft und frei durch meinen Körper.

Ich vertraue auf die Kraft, die mich leitet. Eine Kraft, die aus mir herauswächst, mich vorwärts bringt, eine unerschöpfliche Energiequelle, die mein Inneres unterstützt. Nun lasse ich den Energien freien Lauf, verbinde mich mit ihnen und spüre ihre Stärke. Ich sehe den Berg, die Burg, alles in einer hellgelben Aura.

Mit dem Gefühl für meine gestärkten Energien kehre ich nun langsam in die Gegenwart zurück, mache die Augen auf, gebe meinem Körper einen ruhigen gleichmäßigen Rhythmus vor, schaue mich um, und stelle erstaunt fest, kein Mensch hat meine Abwesenheit bemerkt, außer der Wärter vom National Trust schaut mich schon irgendwie komisch an. Aber was macht das schon.

Ich verlasse die Kirche, bedanke mich bei allen geistlich Anwesenden und folge den anderen Touristen wieder den Berg hinunter. Während ich den Berg hinabsteige, folge ich nochmals in Gedanken diesem Traum und dem Bild einer hellgelben Aura dieses doch wirklich magischen Berges. Schön, heute hier gewesen zu sein.

Es war ein wunderbarer Tag. Die Sonne strahlte, und nur hier und dort zeigten sich am klaren blauen Himmel weiße Wölkchen. Als ich mich vom magischen Berg aus auf den Weg machte, war die ihn umgehende Landschaft in helles Licht getaucht und leuchtete weiß und grün. Hier herrschte keine Traurigkeit.

Der Weg ins Bodmin-Moor ist der Weg auch zum Schwert Excalibur. Die Moorlandschaft ist hier noch wilder als ich es gedacht hatte. Wie eine ungeheure Wüste wogt sie von Ost nach West mit Radspuren da und dort an der Oberfläche, und große Hügel unterbrachen die Horizontlinie. Wo sie endeten, wurde mir nicht klar. Nur einmal, weit im Westen, als ich die höchste Felszacke hinter einem Haus erklommen hatte, erblickte ich einen Silberschimmer des Sees.

Es ist eine schweigsame und verlassene Gegend, aber gewaltig und von Menschenhand unberührt.

Doch nicht die Geschichte des geheimnisvollen Schwertes Excalibur, welches in den Tiefen des Dozmary Pool liegen soll, sondern der Verlauf der Michaels- und Mary-Linie sind für mich interessant. Man sollte aber nicht an der Geschichte von der Lady im See zweifeln – das aber ist eine andere Geschichte.

Dartmoor ...

Für viele Briten ist die Bezeichnung »Westcountry« gleichbedeutend mit Stränden und Badeorten. Man denkt dabei an Tourquay, die englische Riviera, die rote Steilküste von Dawlish oder die Bucht von Woolacombe. Aber das Westcountry ist auch ein struppiges Gehölz voller Torfmoore, eine grüne, sanfthügelige Landschaft voller Blumen, Johannisbeersträuchern und Weidenhecken. Es bedeutet auch Landsitze und Reetdachhäuser, alte Pubs und prähistorische Monumente.

Im Dartmoor ist die Atmosphäre geprägt von Mystik und Magie, wenn man über die heidebewachsene Hochebene wandert, wo eindrucksvolle Granitformationen, die »Tors« stehen. Hier gibt es Täler mit rauschenden Bächen, über die Brücken aus Steinplatten führen. Vorgeschichtliche Steinkreise, geheimnisvolle Grabstätten und mittelalterliche Wegweiser erinnern daran, welche Macht in vergangenen Zeiten von diesem Moor ausgingen.

Eine Wanderung durchs Moor, Begegnung mit einer seit Jahrtausenden unveränderten Landschaft. Der Zauber dieser Landschaft fasziniert mich immer wieder. Unendliche Ruhe, modrige Feuchtigkeit, geheimnisvolles Leben in Tümpeln, Binsen, Schilf und Birken. Und dann da Licht: Ständig wechselnd, von neblig-fahl bis leuchtend-klar – immer wieder ein neuer Augenblick!

Der Hund von Baskerville durchstreift nächtens das nebelverhangene Dartmoor und heult klagend den von Wolkenfetzen verhangenen Mond an. Ein entflohener Sträfling aus Dartmoor Prison durchhastet das Sumpfgebiet, verfolgt von den Spürhunden der Polizei. Solcherart sind die Vorstellungen über das Dartmoor, die Sir Arthur Connon Doyle und Edgar Wallace hinterlassen haben.

Das Dartmoor ist ein etwa 1000 km² großes, einsames Heide- und Moorgebiet, wo immer wieder unvermittelt aus erikavioletten Flechten und dem gelben Ginster gewaltige Steinauftürmungen in die Höhe ragen. Tors sind willkommene Orientierungspunkte für Wanderer. Im Süden und Osten der Dartmoorregion findet man eine sanftere Gegend vor, im Norden und Westen dagegen ist es rauher und schroffer. Fast überall stößt man auf prähistorische Steinkreise oder auf die Reste ehemaliger neolithischer Ansiedlungen. Das Dartmoor weist die größte Dichte an frühgeschichtlichen Monumenten in ganz England auf.

Eine große Ringstraße – bestehend aus der A 38, A 30 und A 386 – umrundet den unter Naturschutz stehenden Dartmoor-Nationalpark. Außerdem gibt es eine Nord-Süd- (B 3212) und eine West-Ost-Verbindung (B 3357), die sich im Zentrum bei Two Bridges treffen.

Wenn bei schönem Wetter ein paar weiße Kumuluswolken am blauen Himmel stehen, die Sonne auf die Heide scheint und deren Farbglanz noch verstärkt, wenn in der Ferne eine Herde von Dartmoor-Ponys im Galopp querfeldein stürmt und sich die Schafe wie weiße Farbkleckse an den grünen, sanft geschwungenen Hügelhängen ausnehmen, dann ist auch das Dartmoor eine zauberhafte Landschaft.

Wirklich mystisch-magisch und vielleicht auch etwas bedrohlich wirkt es, wenn plötzlich der Nebel aufzieht, die dunklen Wolken sich nieder senken, alles mit ihrem Tau einhüllen und jede Orientierung zunichte machen.

Dann kann es schon mal sein, dass man auch den Hund von Baskerville heulen hört.

Als ich das Dartmoor zum ersten Mal betrat, wusste ich nur aus Schulbüchern, was ein Moor ist. Es war ein warmer Sommertag. Als ich feststellte, dass der ganze Boden um mich herum weich war, und vibrierte, da wurde ich erst Recht unsicher, denn mir waren die Geschichten, in denen sich plötzlich der Boden auftat und Leute verschwanden, noch stark in Erinnerung.

Wäre es düster und nebelig gewesen, wäre ich sicher gleich wieder weggefahren. Doch was mich von Anfang an begeisterte und beeindruckte, war die Endlosigkeit dieser Landschaft. Dieses zu erleben, festzuhalten und weiterzugeben, ist nicht ganz einfach, doch ich werde es einmal versuchen.

Kühe, die wie Schiffe über den abendlichen Bodennebel schweben. Bäume, die alleine stehen und in dieser horizontlosen Nebellandschaft zu mir zu sprechen scheinen. Schafe, auf die man zu jeder Gelegenheit trifft oder vielleicht auch tritt, dies kann man nur im Moor erleben.

Schöne Sommertage, die es auch hier im Moor gibt, sind es aber nicht unbedingt, die mich diese Landschaft lieben lassen, sondern es sind durchaus auch die nassen, kalten und nebeligen Tage, in denen ich lernte, das Dartmoor zu schätzen und zu lieben.

Wenn die Sonne im Moor scheint, ist es ein fröhliches, angenehmes und auch beruhigendes Gefühl über das Moor zu wandern. Wenn der Nebel aufzieht, ist es kein leichtes, fröhliches Gefühl mehr, sondern ein angenehmes tiefes, schwer mit Worten zu erklärendes. Damit hat das Dartmoor immer zwei Gefühle für den Menschen, der es betritt bereit.

Mondlicht,
streift über die Moore,
uralte Steine werfen Schatten.
Unter den Schatten Waldgeister,
sichtbar nur für den,
der zu träumen vermag.

The Serpent Power

Nachdem ich die beiden Energielinien Michael und Mary das letzte Mal am magischen Berg St. Michaels Mount gespürt und gefühlt hatte, liefen beide Linien weiter in Richtung Bodmin Moor. Dieses Moor, weiter westlich in Cornwall, könnte keinen größeren Kontrast bilden zu den bunten Fischerorten an den Küsten und goldgelben Badebuchten Cornwalls. Wie das Dartmoor ist auch das Hochplateau von Bodmin mit seinen Granit-Tors windzerklüftet und wild. Auch hier leben Hochlandrinder und wilde Ponys.

Die wilde Präsenz der »Standing Stones« und der »Stone Circle« verleiht dem Moor eine zeitlose, geheimnisvolle Kraft.

Auch hier im Bodmin Moor ranken sich natürlich Geschichten und Legenden um diese Landschaft. Mehr als ein kopfloser Reiter wurde schon gesehen, Riesen, die sich in Granit verwandelten, Hexen und ruhelose Seelen aus vergangenen Jahrhunderten über dem Moor gehört. Mancher traf sich sogar von Angesicht zu Angesicht …! Vorsicht also, manchmal sind diese Geschichten gerade wahrscheinlich genug, dass man zu grübeln beginnt.

Auf der Wanderung gen Norden zu weiteren Plätzen des Lichtes und der Kraft traf ich in Lostwithiel wieder auf die beiden Energieschlangen. Lostwithiel, am River Fowey gelegen, nimmt die Energielinie in sich auf und führt sie direkt durch die Mitte der Stadt zur Kirche von Lostwithiel.

Ich wanderte quer über das Moor, streifte den Tumulus am Goonzion Downs und fand mich dann im kleinen Dörfchen St. Neot wieder. Vor Jahrzehnten war dies ein religiöses Zentrum mit seiner phantastischen kleinen Kirche. In der Nähe befindet sich auch eine heilige Quelle, an der man wohl Kraft spüren kann, die Quelle selber ist verschüttet oder versiegt!

Dass viele Kirchen in Wahrheit echte Kraftplätze sind, an denen subtile erdgebundene und kosmische Kräfte wirken oder dass diese bewusst kanalisiert und genutzt werden, habe ich schon erklärt. Aber nicht nur Wallfahrtskirchen und Kathedralen stehen auf alten Kultplätzen, sondern auch für viele andere kleinere und kleinste Gotteshäuser. Wenn wir offen sind für neue Erfahrungen, gelingt es uns, immer öfter die langsam mehr und mehr verwaisten heiligen Stätten wieder mit neuem Leben und Meditation zu erfüllen.

Aus mystischer Ferne ein heller Schein unter schwerem Himmel. Er kommt von irgendwoher und geht, wohin er will.

St. Cleer am Rande des Moors ist auch so ein Ort. Die Mary-Energielinie durchläuft hier eine heilige Quelle, eingebaut in eine Taufkapelle aus Granit. Diese wurde benutzt, um Geisteskranke zu heilen, wobei die Kranken so oft ins Wasser getaucht wurden, bis deren Gesundheit wiederhergestellt war. Leider ist die Quelle schon seit langer Zeit versiegt. Doch die Kraft der ist immer noch zu spüren.

Trethevy Quoit – Powerplace

Es geht weiter. Ich folge der Energielinie und treffe nicht weit entfernt auf eine jungsteinzeitliche Grabkammer, Trethevy Quoit. Weißes Leuchten verströmt sich befreiend wie die Quelle der Gnade aus drohendem Gewitterhimmel, als ich diese Stätte betrete. Schon von weitem kann man die Energielinie spüren. Trethevy Quoit ist das größte Quoit Cornwalls, und gerade während der Nacht oder wenn Nebel aufzieht, manifestiert sich die Magie.

Das prähistorische Denkmal besteht auch sechs enormen Steinen, die einen siebten sogenannten »Capstone« tragen. Die Mary-Linie tritt unter einem Winkel von etwa 60 bis70 Grad in dieses Monoment ein, durchläuft es, und geht dann in Richtung Bodmin Moor.

Bei einer Meditation innerhalb dieses Quoits auf der Mary-Linie durfte ich träumen! Gedanken durchlassen. Ich bewege mich in ruhigen, harmonischen Bildern, liege ruhig und wunderbar bequem, sinke langsam, ganz gemächlich tiefer herab und nähere mich meinem inneren Ich, der inneren Mitte. Es ist schön, einfach nur hier zu liegen, die Wärme meines Körpers zu spüren und den gleichmäßigen, ruhigen Rhythmus von meinem Puls. Ich überlasse mich der Energie. Ich tauche in sie ein, sie durchströmt mich, ein Gefühl von Harmonie und Leichtigkeit.

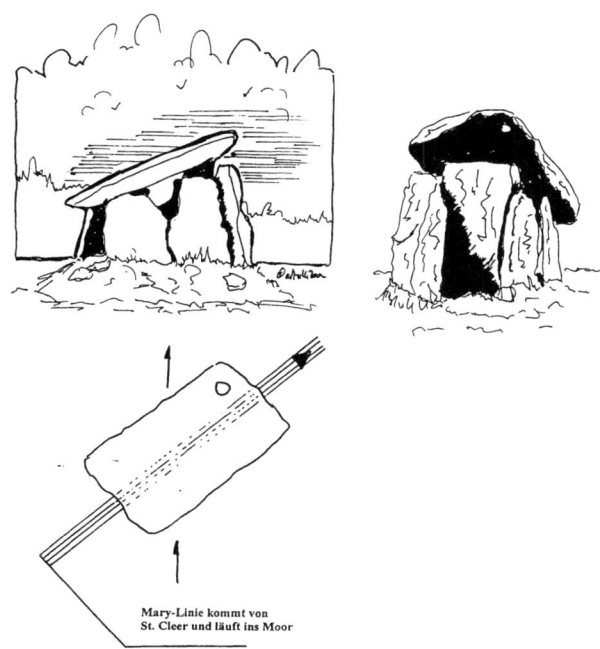

Mary-Linie kommt von
St. Cleer und läuft ins Moor

Das größte Quoit Cornwalls – Trethevy Quoit

Alles verschwimmt, alles dreht sich, Sorgen verschwinden. Ein zarter Gefühlsstrom voller Wärme entsteht und verteilt sich gleichmäßig in meinem Körper. Erst wehre ich mich, doch dann höre ich eine Stimme: »Genieße es und lass es fließen!« Ich lasse alles geschehen und bin dabei völlig ruhig, gelassen und entspannt – wunderschön, alles um mich herum ist in goldenes Licht getaucht. Nichts, aber auch gar nichts kann mich angreifen.

Meine Aufmerksamkeit wendet sich langsam von innen nach außen. Ich nehme nun Geräusche um mich herum wieder wahr. Und während ich noch ein paar Mal tief ein- und ausatme, komme ich mit meinen Gedanken wieder in die Gegenwart zurück. Ich bin wieder da ...

Ich fühle mich erholt und erfrischt. Ich spüre die neue, sanfte Energie, die mich wohlig durchzieht! Ich bedanke mich bei all denen, die mich hier begleitet haben, und verlasse den Ort – heute habe ich zufälligerweise wieder eine Zeitnische entdeckt.

Ein Traum wird wahr

Ich brach wieder auf. Meine Reise sollte mich weiterführen. Ich wanderte den Weg entlang, immer noch staunend über das, was ich gestern erlebt hatte. Inzwischen ist keine Straße mehr zu sehen und die einzigen Anzeichen für menschliches Leben sind die in der Landschaft verstreut liegenden kleinen Bauerngehöfte.

Das Dorf Minions rühmt sich, das höchstgelegenste Gasthaus Cornwalls zu besitzen. Es ist eines der Zentren des Bergbaus hier am Rande des Bodmin Moor. Hier in der Nähe dieses Dorfes befinden sich drei vorzeitliche Steinkreise, The Hurlers genannt. Zwei aufrechte Steine, The Pipers, liegen nach Westen hin, und die angrenzenden Berge sind voller Grabhügel und Bronzezeitsiedlungen. Hier sollte ich wieder auf die Laylines treffen, denn ein Traum verriet mir: »Gehe zum Steinkreis und fühle die Energie, erfrische dich an ihr und sei dankbar!«

Auch diese Landschaft strahlt eine ungeheure Kraft aus. Jetzt verstehe ich viele Suchende und Fühlende, die sagen, hier in Cornwall gibt es die besten Orte, die alte Götter anzurufen, denn es ist die ursprünglichste, älteste Landschaft im Süden Englands. Und vom Grunde meines Herzens heraus kann ich sagen, dass ich hier um vieles glücklicher bin als in manchen anderen Gegenden. Hier die Sonne, die Sterne, die schönen Auen, Haine, Wälder, grüne Flussufer, majestätische Bäume, sprudelnde Quellen und die eigenwilligen Windungen eines Flusses zu sehen, die Magie und die Mystik zu spüren, nirgendwo auf der Welt ist dies so gut wie hier.

Natürlich gibt es auch Tage, an denen nicht nur die Sonne scheint. Man gelangt dann an einen Punkt, an dem mir Dämonen und Drachen begegnen. Die Sonne verbirgt sich hinter Wolken, es regnet, und der Wind frischt auf. Der Weg ist jetzt nicht mehr so angenehm, und ich frage mich, warum ich überhaupt aufgebrochen bin. Hinter den Wolken tauchte der Drache auf, und schon stehe ich vor der Wahl kämpfen oder fliehen?

Nebelschwaden
weit und breit.
Geisterhaft geleiten sie
auf und nieder und tanzen
Ringelrein.
Wälzende Massen
verhindern die Sicht.
Stille umgibt mich.
Das Auge ist jetzt blind.
Die Nebelfrauen haben die Herrschaft an sich gerissen.
Sie sind die Königinnen
für den Augenblick.
Für den Augenblick,
bis Sonnenstrahlen
das feingewebte Nebelnetz
zerreißen – ich sehe!

Doch wir dürfen nicht glauben, dass wir uns mit allen Drachen anfreunden können, denn es gibt immer welche, die wirklich gefährlich sind und die man am besten in Ruhe schlafen lässt.

..... *Veränderungen*

Ich durchquerte das Dorf Minions, betrat das Moor und machte mich auf den Weg zu den Steinkreisen. Schon von weitem spüre ich die Energie. Die Michael-Layline läuft durch den ersten Kreis, folgt dem Pfad der vielen Besucher durch den zweiten und trifft im dritten Kreis auf die Mary-Layline.

Und hier ist etwas Besonderes wohl passiert. Hamish Miller und Paul Broadhurst beschreiben in ihrem Buch »The Sun and The Serpent« diesen Fall etwas anders. Der Beginn ist ähnlich, doch die beiden Laylines kreuzen sich im mittleren Steinkreis am Mittelstein, wovon dann die Michael-Line auf den dritten Zugkreis zuläuft, ihn aber links liegen lässt.

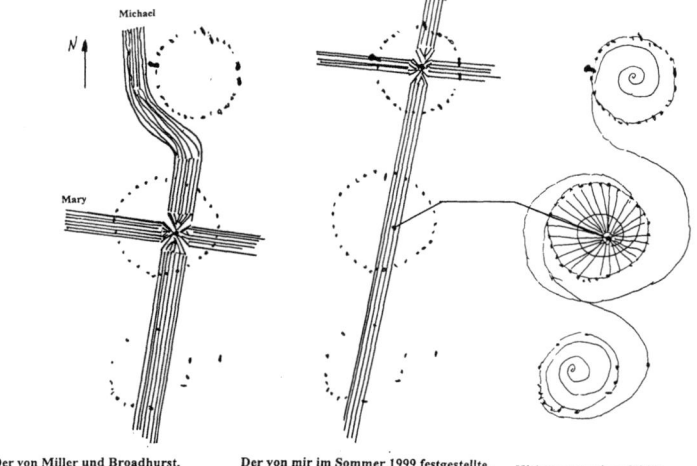

Der von Miller und Broadhurst, festgestellte Verlauf und Schnittpunkt der beiden Energielinien im Steinkreis The Hurlers

Der von mir im Sommer 1999 festgestellte, veränderte Verlauf der Energielinien. Was ist hier passiert?

Weitere von mir gefühlte, und gependelte Energieverläufe bei den Hurlers

The Hurlers und ihre Energienlinien

-46-

Die Autoren fanden in diesem Kreis etwas Besonderes, etwas Mysteriöses. Auch ich fühlte dort einige Gefühle, einige Energien, die nicht definierbar waren. Irgendwie eine Art von »Rosetta-Stein« mit den verschiedensten Energien. Ich glaube, die Michael-Layline berührt diesen Kreis nur deshalb nicht, um die dort bestehenden Energieformen nicht zu verändern.

Was ist also hier passiert. Ich habe es zwei-, dreimal ausprobiert und immer wieder war das Ergebnis das gleiche. Irgend etwas hat sich verschoben. Nicht mehr der zweite, größere Kreis, ist der Kreuzungspunkt, sondern es muss im dritten Kreis passieren. Was hat sich hier getan? – Eine Antwort ist im Augenblick nicht möglich.

Es ist schon eine besondere Seite dieser Landschaft, wo drei Steinzirkel so nah beieinander liegen. Der schmalste hat einen Durchmesser von 32 Meter. Der zentrale Zirkel bietet 42 Meter im Durchmesser, wobei der nördlich liegende Zirkel 34,7 Meter Durchmesser hat.

Mystisch-magisch ist dieser Ort. Licht, Energie, Spannung, Ruhe. Ich gehe durchs feuchte Gras. Gedanken wandern vom Jetzt zum Morgen, von der Vergangenheit in die Zukunft. Komm, lass mich den Wind spüren, den Tau probieren, lass mich in die Unendlichkeit versinken. Ich bin Wanderer durch Zeit und Raum. Unendliche Wege schließen sich zu einem Ganzen. Ich lasse mich fassen, fühlen, tief, und bin glücklich! Knisternde Magie liegt über dem Platz. Leise Töne öffnen meine Sinne..................das was nun kam bleibt ungenannt!

St. Michaels on the Rock

Der nächste Tag auf meiner Wanderung führte mich zur Kirche St. Michaels on the Rock. Es war ein typischer britischer Tag, dunkle Wolken, Wind. Als wir an der Kirche auf dem Berg ankamen, faszinierte schon der Anblick. Doch das Besondere kam erst noch. Als wir vor der Tür der Kirche standen, kam die Sonne heraus. Dartmoor eine mystische Landschaft.

Auf dem ausgesetzten Berg mit der Kirche dort, umgeben von dunklen Wolken – ich fand das, was ich hier zu finden glaubte. Einen Punkt, ich glaube ich kann es so nicht erklären. Doch es war eine lange Periode von Ruhe.

Ich folgte der Michaels-Linie den Berg hinauf, wo sie durch den Fels läuft. Es war hier oben, wo früher alte Feuerfeste gefeiert wurden. St. Michaels of Brentor ist der Kreuzungspunkt über allen Energielinien St. Michael und St. Mary.

St. Michaels on the Rock

Ich umrunde die kleine Kirche auf dem felsigen Berg einmal und gehe dann hinein. Es riecht gut hier, und die Atmosphäre ist phantastisch. Ich setze mich vorne in die erste Bank auf der linken Seite in der Mitte. Ich mache meine Augen zu und lasse die Stille wirken. Ich lasse die ganze Atmosphäre auf mich wirken, bedanke mich bei allen guten Geistern in dieser Kirche und verlasse St. Michaels on the Rocks

Von hier wendet sich die Schlange – die Energieschlange – an den nordwestlichen Ausläufern des Dartmoor entlang. Sie kreuzt die Brücke nahe des Eingangs zur Lydford Gorge, eine oder besser gesagt die schönste Klamm des Countries of Devon, ein Platz mit einer wundervollen Atmosphäre, die Geschichten erzählen könnte.

Also, wir beginnen auf der Energielinie St. Michael schon etwas früher vor der Kirche auf dem Berg. St. Michaels läuft durch das Bodmin Moor über verschiedenste Punkte, wobei der erste interessante Punkt ist The Church of all Saints in Dunterton darstellt. Dieses Gotteshaus abseits der Hauptstraße ist sehr kräftig.

Die Energielinie läuft direkt entlang des Ganges durch den Altar. Dieser Ort ist phantastisch schön. Eine ruhige Energie. Bei der Meditation bekam ich einen Schutzmantel um mich gelegt.

Von Dunterton läuft die Energielinie weiter zum nächsten Ort Milton Abbot. In der dortigen Kirche, läuft die Energieschlange durch den Mittelgang und über den Altar wieder aus der Kirche heraus.

Die Energie ist angenehm ruhig, aber nicht so kräftig wie in Dunterton. Überall ein Geruch von frisch gemähtem Gras, von Weihrauch. Ich folge der Linie nun über die Kirche auf dem Berg St. Michael on Brentor zum Lydford Gorge, eine Klamm, die ich hier so nicht vermutet hatte.

Lydford Gorge und das Geheimnis des Castle

Nicht weit vom Rande des Dartmoors findet man die Lydford-Klamm oder auch Lydford Gorge genannt. Diesen Ort muß man unbedingt besuchen. Denn neben einer Natur, die sehenswert ist, erstaunt ein Energiespektrum, das seinesgleichen sucht.

Die Wanderung im Nordosten des Moors beginnt im kleinen Örtchen Lydford, dem eine Furt (ford) im River Lyd seinen Namen gegeben hat. An der Hauptdurchgangsstraße findet der Besucher einen Parkplatz, von wo man die Wanderung beginnen kann.

Schon von der Straße aus hat man einen guten Ausblick in die 50 Meter tief ins Gestein eingeschnittene Klamm, wo das Wasser rauschend und plätschernd über die Kaskaden sprudelt. Die Strecke führt erst durch dunklen schattigen Wald und steigt bald bergauf. Von tief unten hört man die Lyd gedämpft durch das Unterholz plätschern.

Man spaziert an der Abbruchkante der Klamm entlang. Mal geht es ab-, mal geht es wieder aufwärts. An einer Abzweigung muss man dann entsprechend der eigenen Kondition eine Entscheidung treffen. Der Weg links ist long and easy, der Weg rechts short and steep. Beide führen auf alle Fälle zum White-Lady-Wasserfall, der aus einer Höhe von 35 Metern in die Tiefe rauscht.

Hat man diesen Punkt lang genug bewundert, so geht es weiter über eine Holzbrücke und am Ufer der Lyd entlang. Dort, wo an ausgewaschenen Stellen im Felsen sich kleine Seen oder auch Pools gebildet haben, kann man im klaren Wasser die Fische stehen sehen. Holzstege und -treppen führen weiter und helfen, den steilsten Teil der Klamm zu überwinden. Tosend und schäumend toben hier die Wasser zu Tal.

Durch einen kleinen Tunnel geht es weiter aufwärts. Man spaziert nur auf schmalem, kantigem Gestein zwischen Wasser und hoher Felswand her; an der engsten Stelle sorgt ein Handlauf für Sicherheit. Ein ganzes Stück geht es auf schmalem Weg am steinigen Ufer des nun langsam fließenden und gemächlich plätschernden Flusses entlang. Und so erreicht man nach zwei bis drei Stunden wieder den Ausgangspunkt.

Für die Besucher, die noch etwas Besonderes sehen wollen, sollten den Pixie Glen und das Devil's Couldron nicht verpassen. Hier ist Natur pur angesagt.

Doch die Lydford Gorge ist nicht nur eine Klamm, die zu bewandern ein Muss sein sollte. Nein, die Lydford Gorge wird auch von der Layline St. Michaels durchflossen. Und das ist wohl auch der Grund für die Atmosphäre und den Bewuchs in der Klamm.

Schon wenn man am unteren Ende des White-Lady-Wasserfalls steht, kann man die Energie der Layline spüren. Wie der Name schon sagt, White Lady – es soll schon Reisende gegeben haben, die hier die Figur einer Frau in Weiß gekleidet gesehen haben soll. Dies sind Visionen der Erdenergie, die es oft auf der Welt zu sehen gibt.

Es war für mich wunderbar, die Energie zu spüren, die sich im kleinen See unterhalb des Wasserfalls sammelt und dann über die Brücke läuft, den River entlang.

Man wandert entlang der Layline und passiert Stellen, die sich schon sehr ausgesetzt anfühlen dort, wo die Energie sich manifestiert. Man kommt dann zum Schluss zum wirklich – so wie die Briten sagen würden – »exiting point« in dieser Klamm.

Besucher, die Devil's Couldron sehen möchten, müssen einen sehr schmalen und oft sehr rutschigen kleinen, schmalen Pfad in eine dunkle Kaverne hinabsteigen, um dann auf einem metallenen Ausleger mitten über dem brodelnden Wasser zu stehen. Der Sound des rauschenden Wassers ist faszinierend. Er bietet ein Crescendo, welches nicht vergleichbar ist. Ein idealer Platz für Druid Sacrifice.

Wenn man in der Legende liest, kann man sich auch vorstellen, warum im 16. Jahrhundert die Gorge von Trollen beherrscht sein sollte. Der Geist, den Wanderer schon öfters bei »Kids Step« gesehen haben wollen, eine alte Lady in roter Kleidung, ist uns nicht begegnet.

Der Ort Lydford, am Rande des Dartmoor, ist sonst relativ unspektakulär, wäre dort nicht die Lydford Church, ein prähistorisches Earthwork und das Lydford Castle. Doch sollte vom Besuch des Castles abgeraten werden. Denn in dieser Burgruine herrscht eine sehr intensive schwarze Atmosphäre, sogenannte »Black Streams« oder »Black Lines«. Sie können mentale und physikalische Probleme bereiten und viel mystische Arbeit hervorrufen, um die Beschwerden wieder zu beseitigen.

Und wenn man sich die Geschichte der Burg anschaut, ist es ganz klar, dass hier eine schlechte Atmosphäre herrschen muss. Denn im 12. Jahrhundert wurde die Burg als Gefängnis benutzt. Der hier herrschende Graf war übermäßig streng zu seinen Untergebenen und man wurde zu der Zeit für jede Kleinigkeit eingesperrt. Dass dies eine negative Atmosphäre aufbaut, ist klar!

Nachdem der Tag typisch britisch mit Regen begonnen hatte, war nun die Sonne draußen. Ich folgte der Linie über ein Feld ausserhalb von Lightford und wir waren schlagartig außerhalb der Zivilisation. Die Linie schwenkte ins Dartmoor. Für heute sollte Schluss sein auf meiner Wanderung zwischen den Welten auf Pfaden, die lange Zeit nicht begangen wurden über Linien, Energien, Orte – um Vergangenes wieder lebendig zu machen.

Beltane Feuer

Nachdem ich der St.-Michaels-Linie aus der Lydford-Klamm gefolgt war, verlor sie sich in den weiten Höhen des Dartmoor. Dort streifen sie mehrere Tors. Ich fand sie wieder in der Nähe der Lower Halstop Farm. John Page schrieb in seinem Buch *An Exploration of Dartmoor and it's Antiquities* dass hier wohl eine Kirche gestanden haben muss, die dem St. Michael geweiht war. Die Linie floss weiter durch den Steinkreis Nine Stones über das Belstone Tor zur kleinen Kirche von Hittisleigh. Man erreicht den Nine Stones Circle mit etwa einem Kilometer Spaziergang – nein, man kann ihn eigentlich nicht als Spaziergang bezeichnen, denn es geht ganz schön den Berg hinauf, und hinten wieder runter.

Nine Stones ist ein wirklich feiner und kleiner Kreis mit elf sehr eng stehenden Steinen bei einem Durchmesser von 7,6 Meter des Ringes. Im Original müssen es wohl 14 Steine gewesen sein. Keiner der Steine ist wirklich sehr groß. Der höchste ist etwa 0,9 Meter hoch. In der Mitte des Kreises befindet sich eine Erhöhung. Vielleicht ein zerstörtes Grab oder so etwas ähnliches.

Die Legende zu diesem Steinkreis erzählt von Mädchen, die dort am Spätnachmittag getanzt haben, so etwas ähnliches wie einen Hexensabbat. Man spricht bei diesem Zirkel auch von den »Seventeen Brothers«.

Dieser Zirkel mit seinen elf sehr eng gesetzten Steinen und einem Ringdurchmesser von 7,6 Metern liegt auf der St.-Michaels-Linie vor Belstone Tor. Nach dem Chronisten Phillpotts sollen diese Steine einmal im Jahr zum Leben erwachen – am Hunters Moon (23. September).

Außerdem interessant, dass Neun immer schon eine magische Zahl war. Man kann die Energie spüren, die hier in diesem Steinkreis noch lebt, um dann am 23. September wieder zu erwachen.

Was aber ganz sicher ist, dass die Energielinie St. Michaels direkt durch diesen Punkt läuft und dem Kreis eine sehr schöne und ruhige Atmosphäre gibt. Von dort läuft sie weiter in Richtung Belstone Tor, einer Felsansammlung mit einer Höhe von rund 480 Metern über NN.

Noch etwas außer Atem erreichte ich die Krone von Belstone Tor. Man sitzt hier wie auf der Spitze der Welt und kann den Horizont betrachten. Grüne abgegrenzte Felder im Norden und im Süden offene Wildnis des.

Die Energielinie läuft direkt in die Felsansammlung. Viktorianische Antiquare wollen herausgefunden haben, dass dies ein Altar zum phönizischen Sonnengott Belos sein könnte - Bel der keltische Sonnengott, Belinos der brillante oder auch Bal. Eigentlich ist es heute gar nicht mehr nachvollziehbar, was dort oben alles erlebbar ist.

Doch Menschen, die offen sind für so etwas, die fühlen dort oben den Rhythmus des Himmels. Die Tore des Lebens, die sich in der Beltane-Nacht öffnen, lassen eine Flut stürmischer und überwältigende Energien frei. Beim Schließen der Tore zu Samhuinn wird diese Kraft wieder zurück in die Unterwelt getragen um sich im Winter zu erneuern.

Auf einer Felsenkuppe Dartmoors zu stehen, wenn die Welt gleichsam hinter den fernen Horizont gleitet und sich nur noch Wolken über einem bewegen, ist ein Erlebnis, das in seiner Stimmung in gewissem Sinne der urtümlichen Furcht gleicht, die mansche Menschen bein Rollen des Donners erfasst. In einer solchen Umgebung kommt sich der Mensch so ungeheuer nichtig und unscheinbar vor, jede Überheblichkeit weicht. (H.V.Morton)

Ich nahm die Chance wahr, mich an diesem ausgesetzten und mystischen Ort einweihen zu lassen. Was sich während der Einweihung bei mir manifestierte, war ein wechselndes Rot von Hellrot auf Dunkelrot und wieder auf Hellrot, mit Bildern die schon an einen Drachenkopf erinnern könnten. Saß ich nun auf einer Drachenlinie? Ja, natürlich St. Michael ist ja auch der Drachentöter.

Und komisch war schon, dass die Einweihung genau um 12 Uhr Mittag, also zu einer Schwellenzeit geschah – ohne Absicht! Nach einer Stunde verließ ich dann diesen phantastischen Ort.

Cosdon-Steinreihen

Eine Meile südwestlich von South Zeal, am Schild »Ninestones«, an der Straße nach Throwligh, befindet sich der Eingang. Dort beginnt ein steiniger und unbequemer Weg. Hier floß der Schweiß literweise. Vielleicht soll ja auch nicht jeder an diesen mystischen Ort! Oder?

Cosdon liegt auf einem der höchsten Hügel (570 Meter) des Dartmoor. Schon von weitem merkt man die Anwesenheit der Steinreihen. Es kribbelt überall. Man fühlt sich hier, als ob die Zeit stehen bleibt. Als ob man sich an einem Ort befindet, wo die Zeit nicht mehr existiert. Man fühlt sich frei wie ein Vogel im Wind ohne Sorgen. Man fühlt sich wie eine Antenne für die Energie von oben. Dieser Ort ist eine Zeitnische par excellence. Und auch ein Lerneffekt. Zeitnischen müssen nicht immer nur Einzelplätze sein, sondern wie hier können sie auch aus einer ganzen Ansammlung von Steinen bestehen.

Erstaunlich war ein Erlebnis mit den dort überall lebenden Schafen. Denn diese kamen zurück als wir gingen. Zwei davon lehnten sich an die Blocking Stones und eines etwas weiter unten an einen dritten Stein mit seinem Stirnchakra – ist schon faszinierend oder?

Tiere fühlen eben Energie immer etwas anders. Doch es ist auch ein gutes Zeichen. Dieser Ort hat positive Energie auch für Menschen, denn sonst würden Tiere hier nicht sein.

Nach einiger Zeit verließ ich die Steinreihe von Cosdon wieder und war glücklich, diesen Ort zu später Tageszeit noch besucht zu haben. Denn Zeitnischen sind auf der Welt immer etwas besonderes. Von den Augen verborgen, unwissend, spinnt sich mit zarten Tönen ein betörendes Netz.

Und dann, bevor ich mich in der Unendlichkeit verliere, ist es aus … Zurück bleiben Licht, Schatten, Gefühle und ein Augenblick des Glückes.

Der Wind fegt durch die Gräser, Wolken ziehen in die Unendlichkeit, Nebelgrau umgibt diesen Tag. Ich muss weiter, um zu suchen und zu finden. Denn dann fließt Damals, Jetzt und Irgendwann zusammen in einem Augenblick.

Zeitnischen – was ist das?

In den Jahren 1996/1997 hat Ingeborg Lüdeling – seit 25 Jahren im bewußten Umgang mit meditativen Wahrnehmungen und ausgebildet in Radiäsie und Geomantie – Strahlungsfelder entdeckt, die häufig in oder an alten Kultplätzen vorkommen. Auf den von ihr als Zeitnischen bezeichneten Punkten verändert sich während eines in sich Hineinversenken das suggestive Zeitempfinden. Eines der wichtigsten Punkte, um eine Zeitnische zu erkennen ist, dass sich bei dort meditierenden Personen das Raum- und Zeitgefühl verändern kann.

So ist eine Zeitnische durch eine Strahlungszone gekennzeichnet, die normalerweise im Uhrzeigersinn spiralförmig nach innen verläuft. Das Innere der Zeitnische wird dabei als sehr ruhig empfunden. Man kann sich dies vorstellen als wenn man im Auge eines Tornados sich aufhalten würde, denn auch dort ist es ruhig.

Zeitnischen gibt es überall auf der Welt, mal mehr, mal weniger. Viele sind gar nicht bekannt, über viele wird nicht gesprochen. Doch Zeitnischen sind da, man muss sie nur suchen und finden können.

Auf meiner Reise zu Orten des Lichts in Südengland habe ich viele davon gefunden – einige in Kirchen, viele davon aber in freier Natur, in Steinkreisen, in Steinreihen, mitten im Moor, an Plätzen die weit abgelegen von der Zivilisation sind, und die sich schon durch ihre Lage für diese Art des energetischen Ortes bereitstellen.

Zum Beispiel die Steinreihe Cosdon, etwa eine Meile süd-südwestlich von South Zeal. Dieser Ort ist eine Zeitnische par excellence. Hier bleibt die Zeit stehen und man fühlt sich als fliege man davon. Man fühlt sich wie eine Antenne für Energie. Man ist frei, frei wie ein Vogel, frei von allen Sorgen.

Oder die Steinsetzungen von Drizzlecombe. Hier fand ich zwei Zeitnischen. Dirzzlecombe, ein Ort, den es so auf der Welt wohl nicht noch einmal gibt.

Oder der Steinzirkel von Brisworthy. In dieser Steinsetzung mitten im Dartmoor findet man die Zeitnische an einem wunderschönen Stein. Der Kreis selbst verbreitet schon eine Energie, die faszinierend ist. Aber wenn man dann den Stein findet, wo die Zeitnische existiert, wird man überrascht sein. Die Sonne schien strahlend, als ich mich auf diesem Platz niederließ. Ich spürte sofort, wie mir die Lasten vieler Jahre von den Schultern fielen. Ich musste lachen, als ich ganz real erlebte, wie all die seelischen Anstrengungen von meinem Rücken und von meinen Schultern abrollten und auf die Erde zu meinen Füßen fielen.

Alle Sorgen und Mühen, die Verantwortung und Fürsorge, die seit über 40 Jahren ich mit mir herumgetragen hatte, fanden nun ein Zuhause in der guten Erde unter mir.

Ich machte die Augen zu und atmete noch in mein mystisches Inneres und versorgte meine Zellen mit Sauerstoff, gab meinem Körper einen ruhigen Rhythmus vor. Ich machte mich bereit für eine neue sanfte Ruhe, die mich fast unbemerkt wie ein weicher Nebel umhüllte. Mein Traumnebel legte sich sanft um mich, bedeckte mich, wärmte mich und nahm alle Sorgen von mir. Sanft werde ich davon getragen, leicht schwebend fliege ich in die Mitte des Steinkreises.

Langsam fängt es an im Inneren zu schimmern, ganz leicht nur. Gerade so, dass man nicht sicher ist, wo das Licht herkommt. Tausende von kleinen Lichtpunkten glitzern und funkeln hier.

Wenn man genau hinschaut, kann man sehen, dass es Magie sein muss, denn sie schimmert in allen erdenklichen Farben. Es ist schön, sie anzuschauen, denn ich liege inmitten eines Meeres von bunten Lichtpünktchen. Es scheint mir, dass jedes Lichtpünktchen einen meiner Träume darstellt. Ob sich so ein Sternlein wohl berühren lässt? Ganz langsam strecke ich einen Finger aus. Es fühlt sich warm an so ähnlich wie Watte.

Das bunte Licht wandert langsam meinen Finger hoch. Ganz langsam. In meine Hand und in meinen Körper. Das Licht füllt mich aus, es wärmt mich und es beruhigt mich. Es durchfließt mich, bis ich über und über von einem leichten Schein durchströmt bin.

Mit jedem Atemzug, den ich mache, wechselt die Farbe meines Körpers – faszinierend – es wechselt die Farbe des Lichtes, das in mir ist.

Ein leichtes wohliges Prickeln durchströmt mich. Wunderschön. Ein kleiner Traum ist in mir und wartet darauf, geträumt zu werden, deckt mich zu mit seinem warmen bunten Lichtschein. Es ist wunderschön …

Mit meinen Gedanken bin ich unserer Zeit voraus. Schon weit voraus. In Ewigkeiten vorangeeilt. Oder auch nur eine einzige Stunde dem Hier und Jetzt voran. Und dann, wenn wir in Gedanken wieder zurückkehren, sind wir verändert, sind wir anders. Und das gleiche ergeht mir. Denn ich durfte in mein Inneres schauen. Einblick nehmen in das, was werden kann. Wenn wir uns trauen, einem kleinen Traum in die Wirklichkeit zu verhelfen. Ich werde meinen kleinen Traum, den ich hier bekam, pflegen. Ich werde ihn mit sanfter Kraft und frischer Energie versorgen. Ich bette ihn liebevoll ein in die warmen Strahlen des Lichtes, in die Energie der Orte, die ich besuchen werde. Ich bette ihn ein in mich.

Langsam und gemächlich mache ich mich wieder bereit, aus meinen Tiefen emporzusteigen. Das Licht verändert sich im Steinkreis. Langsam verschwinden die Lichtpünktchen und ich tauche wieder auf. Ich mache mich auf den Weg zurück ins Hier und Jetzt. Meine Aufmerksamkeit wendet sich langsam wieder der Realität zu. Und dann ist es soweit, ich bin wieder da und fühle mich erholt und frisch. Und während ich mich strecke, spüre ich die neue, sanfte Energie, die mich wohlig durchzieht. Und denke an meinen kleinen Traum, der jetzt in mir weilt und dort wachsen wird.
Zeitnischen – Orte der Faszination!

Noch mehr Dartmoor...

Dartmoor ist ein 368 Quadratmeilen großer Granitdom, den schon Sir Arthur Connon Doyle beschrieb als eine »phantastische Landschaft aus einem Traum«. Das Moor benötigte 280 Millionen Jahre sich zu entwickeln vom geschmolzenen Magma bis hin zu der Aussage eines Reiseführers »die letzte große Wildnis in Südengland«.

-

Ein Adler hätte auf seinem Flug über das Dartmoor eine noch bessere Perspektive gehabt – aber ich stand fast ebenso hoch wie ein Vogel und konnte fast eben so weit blicken …

Dort im Süden lag blausilbrig das Meer. Im Südwesten der mystisch-magische Landstrich von Cornwall und im Osten warteten das legendäre Avalon und der Steinkreis von Stonehenge auf einen Besuch.

Ich selbst stand auf dem Belstone Tore, 479 Meter über dem Meeresspiegel, auf der St. Michaels Layline – einer Energielinie, die von Südcornwall St. Michaels Mount bis zur Abtei von East Born im Osten Großbritanniens verläuft. Mit dem Moor um mich herum konnte ich die Kraft und die Wildnis, aber auch die Lieblichkeit und die Ruhe des Moors spüren.

Trügerisches Licht spielt mit Hell und Dunkel.
Wehe dem, der seinem dämonischen Zauber erliegt.
Er versinkt im Moder der Vergangenheit.

Hier auf diesem Hügel befinden wir uns auf einem erhabenen Ort, dichter Himmel, dicht an der Erde. Hier begegnen und vermischen sich beide. Wenn man ganz still ist, hört man, wie die Erde atmet und spürt tief in sich ihren Puls.

Nach einigen stillen Minuten wanderte ich weiter den Weg entlang, immer noch staunend, was diese Landschaft zu bieten vermochte. Inzwischen war keine Straße mehr zu sehen, und die einzigen Anzeichen für menschliches Leben waren die in der Landschaft verstreut liegenden kleinen Moorbauernhäuschen.

Fast überall stößt man hier auf prähistorische Stätten, also Orte des Lichtes und der Kraft, teilweise im wahrsten Sinne des Wortes Kraftorte. Ein paar habe ich auf meiner Wanderung besucht und bin zu folgender Erkenntnis gekommen: »Derweil du dich im Moor befindest, nimmt die Welt ihren Lauf. Derweil bewegte sich die Sonne und die Sterne am Himmel. Wilde Gänse ziehen hoch in der klaren, blauen Luft heimwärts. Wer immer du auch bist, gleich, wie verlassen du dich fühlst, die Welt bietet sich hier deiner Phantasie dar.

Hier sind die Grenzen weicher denn je und viel leichter zu überschreiten. Der Weg von einem Ende des Himmels zum anderen währt hier nur einen Gedanken lang. Wenn hier das Mondlicht über das Moor streift, wenn uralte Steine versuchen mit dir zu sprechen, wenn atemlose Stille und knisternde Magie dich umgibt, dann spürst du, das Große, das Ewige, was die Welt beherrscht.«

Zwischen den Welten

Man kommt auf Reisen und auf der Suche schon mal an Stellen oder besser gesagt an Orte, an denen man mit einer Art von Magie in Berührung kommt, die außergewöhnlichen Zuständen zu eigen ist. Jene übernatürlichen, immer etwas unheimlichen Zeiten, die die Kelten als Schwelle bezeichnen.

Dazu gehören die Morgen- und Abenddämmerung, Mitternacht, Vollmond, Neumond, Feenkreise, Nebel, Gewitter, Tau, Erdbeben, Wasserfälle, Blitz, Schneesturm, Überschwemmungen, Steinkreise und vieles, vieles mehr.

Während dieser sehr intensiven, aber vorübergehenden Zustände werden Erdkräfte von großer Energie entfesselt. Wenn man sich als Eingeweihter und natürlich als Kenner der Kräfte eines solchen Schwellenzustandes bewusst ist, kann man mit Elementarwesen kommunizieren, von ihren Energien lernen und sie anwenden.

Vor einem Schwellenzustand muss aber gewarnt werden, da es gefährlich ist, ihn zu nutzen und da er den direkten Zugang zur Anderswelt besitzt: der Nebel. Der wurde als Mantel der Götter angesehen, und bereits in den frühesten schriftlichen Zeugnissen der keltischen Geschichte entdecken wir eine unmittelbare Verbindung zwischen den Druiden und dem Nebel. Schon die heilige Insel Avalon wurde von Nebel umgeben. Dabei war der Übergang nur durch Magie möglich.

Die Kelten glaubten, dass Augenblicke dichten Nebels ein offenes Eingangstor bildeten, durch das eine Person buchstäblich gehen konnte und umgekehrt auch alle Arten von Wesen ungehindert Zugang zu unserer Welt hatten.

Also noch einmal zum Nebel. Öffnet hier ein Portal zur Anderswelt, so sollte man mit äußerster Vorsicht vorgehen. Wenn man hindurchtritt und der Nebel sich auflöst, kann es passieren, dass Sie in eine Falle geraten.

Treten Sie also, wenn schon, nur für kurze Zeit durch ein Nebeltor, denn Nebel ist stets veränderlich und seinem Wesen nach unberechenbar.

Seien Sie also wachsam und bringen Sie, ganz, ganz wichtig, nie einen Gegenstand mit zurück. Wenn man Schwellenzustände und Schwellenzeiten nutzen will, sollte man mit Schnelligkeit und Wachsamkeit vorgehen, denn Schwellen kommen und vergehen rasch.

Wichtig ist: Fragen Sie vorher, ob Sie das Schwellentor benutzen dürfen, ob der Durchgang für Menschen offen oder geschlossen ist. Und seien Sie vorsichtig, wenn er geschlossen ist, belassen Sie es dabei!

Ich habe viele Schwellentore auf meinen Wanderungen kennengelernt. Viele waren für uns Menschen verschlossen. Einige hätte ich durchschreiten können, doch ich fühlte mich noch nicht bereit für diesen Übergang. Aber was nicht ist, kann ja noch werden.

Widerhall von altem Gestein

Jedes Volk hat seine heiligen Zentren. Orte, an denen der Schleier nur dünn ist; diese Orte wurden mit der Weisheit der Vergangenheit gestaltet, bis dort eine machtvolle, spirituelle Atmosphäre entstanden war und sich das Bewusstsein leicht den feinstofflichen Ebenen öffnen konnte, zu denen die Spürenden und Fühlenden kamen, um den Übergang zu wagen. Es ist eine wunderbare Gegend dieses Moor. Es wird niemals langweilig. Man glaubt gar nicht, was für wunderbare Geheimnisse es birgt. Es ist so weit und so wüst und so geheimnisvoll!

Scorhill
Treffpunkt mit Merlin

Etwa eine Stunde Fußweg von Batworthy Corner über die Clapper Bridge des River North Teign erreicht man im wildesten Teil des Dartmoor den Steinzirkel Scorhill. Leider stehen von den 65 bis 70 Steinen nur noch 34. Doch was diesen Steinkreis so faszinierend macht, sind die beiden Wegspuren, die sich durch Scorhill ziehen. Der höchste Stein dieses Kreises hat ein Maß von 2,5 Meter und steht im Nordwesten.

Doch die meiste Energie dieses Kreises geht von der linken großen Spur aus. Faszinierend. Doch egal, was man sagt, dieser Ort hat sehr viel Energie und besonders im Mittelpunkt kann man den hier schon sehr dünnen Schleier zum Übertritt nutzen, um in Kontakt zu treten.

Nach neun mystischen Atemzügen füllte ich meinen Körper mit Licht und Energie in Vorbereitung zur Kontaktaufnahme, die, wie ich fühlen konnte, bald anfangen würde. Nach einigen Minuten, die ich in diesem zeitlosen Versenkungszustand verbrachte, pulsierte in meinen Armen und Beinen der magische Fluss, der meine Bereitschaft anzeigte – der Kontakt war da. Merlin trat auf mich zu.

»Erzählt mir von diesem Ort«, bat ich. Denn niemals zuvor habe ich eine solche Energie empfunden. Und so antwortete mir Merlin: »Lass mich dir etwas von der Überlieferung dieses Platzes erzählen. Seit dem Beginn der menschlichen Zivilisation sind unzählige Kulturen auf der Erde entstanden und wieder zerfallen, von denen viele in mancher Hinsicht bedeutender als unsere eigenen waren. Und hier haben die Völker heilige Orte, Orte der Kraft und des Lichtes geschaffen, an denen der Schleier zur Anderswelt dünner ist. Auch dieses war ein solcher Ort. Auch dies ist ein Eingangstor in die Anderwelt, der heute für dich und deinesgleichen aber geschlossen ist.«

Und dann war es vorbei. Langsam machte ich mich wieder bereit, aus meinen Tiefen emporzusteigen. Ich machte mich auf den Weg zurück ins Hier und Jetzt. Meine Aufmerksamkeit wandte sich langsam von innen nach außen und ich war wieder da. Hier im Jahre 1999 im Dartmoor im Stone Circle Scorhill. Von ferne hörte ich nur noch die Stimme des alten Magiers: »Haltet diese Orte in Ehren ...« Ich bedankte mich bei allen Anwesenden und verließ diesen grandiosen Ort.

In der Nähe Luftlinie etwa vier, fünf Kilometer liegen die beiden Steinzirkel von Grey Wethers. Der Weg dorthin sollte anstrengend sein. Die Hitze, die Länge und die Ausgelaugtheit nach dem Besuch von Scorhill.

Doch ich machte mich mit meiner Begleiterin auf den Weg. Ich bog von der Hauptstraße ab und begab mich auf Straßen, in die sich seit Jahrhunderten die Räder immer tiefer eingegraben hatten.

Auf beiden Seiten lagen mit Moos und Farn bedeckte Wälle. Immer langsamer ging es bergauf. Wir kamen über eine schmale Steinbrücke, unter der brausend ein starker Bach zwischen Felsenblöcken dahinschoss. Und dann traten wir aus dem Wald. Vor uns lag die weite Fläche des Moors mit wirren Steinhaufen und spitzen kleinen Hügeln. Trotz der stechenden Sonne wehte uns ein kalter Wind über die erhitzten Körper und ließ uns erschauern. Nirgendwo in dieser wilden endlos erscheinenden Ebene wartete Grey Wethers auf uns.

Die kristallinen Granitsteine, wahrscheinlich vom Sitterfort Tor im Westen gelegen, sind geologisch so symmetrisch, dass es aussieht als ob sie auch bearbeitet sein könnten. Doch die beiden Kreise sind vollkommen unterschiedlich in ihrem Energieaufbau. Während beim nördlichen Steinzirkel die Energie konzentrisch verläuft, sieht das beim südlichen Zirkel ganz anders aus. Hier hat ein Stein alleine Kontakt zu allen anderen Steinen, also die Energie strahlt von diesem Stein sternförmig oder wie Sonnenstrahlen aus. Hier ist auch der Punkt, wo ich eine weitere Zeitnische feststellte, die an der Innenseite dieses Steines vorhanden ist.

Fühlende Menschen können hier ganz besonders den Energieverlauf sehen. Wenn man sich im nördlichen Steinzirkel an einen der Steine stellt und meditativ versenkt, kann man den Energieverlauf als eine rote Linie mit blinkenden Punkten erkennen.

Der Raum zwischen den Kreisen der Sonne und des Mondes wäre ein Ort intensiver Kraft, besonders für Heilungen. Der Durchgang zwischen den zwei Feuern von Bell – einer der Namen der Sonne – verspricht starke Heilwirkung. Bei den beiden Kreisen der Grey-Wethers-Steinsetzung im Dartmoor kann man die starken Schwärzungen noch erkennen. Sollte hier je wieder ein Ritual stattfinden, dann würde es sich meiner Meinung nach dort zwischen den Kreisen vollziehen. Am Ort des Gleichgewichtes.

Die Zeitnischen von Drizzlecombe

Eine der wirklich interessantesten Steinsetzungen in ganz Europa ist der Komplex von Drizzlecombe. Er beinhaltet schmale Steinzirkel, lange Reihen stehende Steine und vieles, vieles mehr. Von Sheepstor ist es ein Drei-Kilometer-Weg, um diesen wunderbaren Ort zu finden. Doch nicht nur diese Steinsetzungen sind faszinierend, sondern auch der Punkt, dass es hier gleich zwei Zeitnischen gibt. Wenn man in dieser Steinsetzung steht, dann ist es das Gefühl, da ist nur noch der Fluss, das Gras und die Steine!

Auch heute schien die Sonne wieder. Der Himmel ist strahlend blau, und das Dartmoor erwartet mich. Der Pfad trägt mich über eine Kuppe über zwei kleine Bächlein immer näher nach Drizzlecombe. Als ich auf das Moor zurückblicke, verwandelt die Sonne die Wasserläufe in Bäche von Gold und bringt die Erde zwischen den Flecken zum Erglühen.

Zeitnische Drizzlecombe

Der Weg führt mich zwischen rötlich braunen und grüngrauen Abhängen, auf denen riesige Steinbrocken liegen, an ein paar einzeln liegende Häuser von Moorbauern vorbei. Häuser mit steinernen Wänden und steinernen Dächern, deren harte Umrisse von keinem Pflanzengrün gemildert werden. Plötzlich und doch vertraut liegt die Steinsetzung Drizzlecombe vor mir.

Nur noch ein paar Minuten des Weges, und ich verspüre schon die Energie, sie kribbelt in mir. Und nach einigen Minuten pulsiert sie in meinen Armen und Beinen. Sie zeigt meine Bereitschaft an, auch hier den dünnen Schleier zu lüften.

Das Layout der Steinkreise der Reihen und der anderen Formen stellen ein überdimensionales Trapez dar. Die eine Linie besteht aus zwei Steinreihen. Dagegen ist die Linie, die am stärksten Energie abgibt, einreihig. Die beiden Zeitnischen liegen hintereinander auf der ersten Linie.

Natürlich versuchte ich dort wieder, das schöne Gefühl einer Zeitnische zu probieren. Die Sonne schien strahlend, als ich mich zur Meditation niederließ. Ich stehe nun hoch oben auf einem Gipfel, lasse mich auf meinem Lieblingsplatz nieder. Von hier aus überschaue ich das ganze, weite Land. Ich schaue bis zum Horizont und noch weiter. Ich atme tief durch und lasse die Luft durch meinen Körper fließen. Gibt es etwas Schöneres? Die Sonne wärmt mich. Ich bin rundum zufrieden. Hier fühle ich mich vollkommen, genieße den Ausblick und ruhe mich aus.

Doch auch so ein Zustand währt nicht ewig. So schwinge ich mich durch die Lüfte, durchdringe die Luft, die Erde und das Wasser, lasse mich wie Regentropfen in Flüsse fallen und verbinde mich wieder mit Mutter Erde. Langsam tauche ich wieder auf. Ich mache mich auf den Weg zurück ins Hier und Jetzt, Schritt für Schritt. Wie auf einer Treppe, die nach oben führt, gehe ich langsam nach oben, meinem Wachbewusstsein entgegen. Ich bin wieder da und merke wieder, gibt es etwas, was je wirklich ist und warum?

Noch ein Moment der Stille und Beschaulichkeit und dann ist es vorbei. Ich bin wieder da und meine Begleiterin lächelt mir zu. Auch sie wird eine der beiden Zeitnischen nutzen, um dieses wunderschöne Gefühl der Freiheit, der Gedanken auszuprobieren.

Es gibt viele solcher schönen Stellen im Dartmoor. Einer dieser Punkte sind die Kreise von Yellowmeade. Nur noch die Steinsetzung von Shovel Down, 13 Meilen nord-nordöstlich stellt ein ähnliches Bild dar. Yellomeade besitzt nicht nur einen Steinkreis, sondern es sind deren vier. Das besondere an dieser Steinsetzung ist, dass die Energie spiralförmig von innen nach außen verläuft und der Bereich im innersten Kreis völlig tot ist. Keine Energie, kein Nichts. Dafür stellt der gesamte Komplex eine Zeitnische dar. Eine Energie, die sehr angenehm ist. Yellomeade wurde als Klagemauer benutzt. Ich sah viele weinende Menschen.

Die Spirale Energie läuft wie in einem Klostergang. Traurigkeit und Tränen überall, die einen überkommen, wenn man versucht zu fühlen. Interessant auch, dass diese Steinsetzung den Anflug einer Avenue hat, sehr kurz und nicht bis zum Center des Zirkels, aber beginnend auf der östlichen Seite. Obwohl dieser Ort eine schöne Energie hat und eine interessante Steinsetzung, werde ich wohl vermeiden, ihn wieder zu besuchen. Zu viel Traurigkeit, zu viel weinende Menschen sind mir hier begegnet.

Der Wald der uralten Bäume

Meine Wanderung begann in Two Bridges, im Zentrum des Dartmoors, dort, wo die Nord-Süd- und West-Ost-Achse durch das Moor treffen. Gegenüber von Two Bridges Hotel befindet sich ein kleiner Parkplatz. Hier durchschreitet man das Gatter und marschiert auf einem sandigen Pfad gen Norden los. Wenige Minuten später überquert man eine Mauer und schreitet tüchtig voran. Ein richtiger Weg ist nun nicht mehr zu erkennen.

Zuerst geht es weitgehend über offenes, grasiges Moorland. Der Tag neigte sich seinem Ende entgegen. Ich durchquere rauhes Waldland, eine wilde Ansammlung von knorrigen Bäumen. Ihre verschlungenen Äste streckten sich mir weit entgegen. Durch das sich wölbende Geflecht der Baumwipfel, schimmert der Himmel in tiefem Kristallblau, und der Sonnenschein ergoss sich in das Waldgebiet und hellte die Schatten durch freundliche Lichtblicke auf.

Doch das Sonnenlicht ist in dieser Wildnis nur ein kurzer Besucher bei Tag. Hier herrschte nur das schattige Dunkel – alles durchdringend, undurchdringlich, erfüllt mit dem leisen Hauch verborgener Gefahren, unsichtbarer und unhörbare Dinge und von geisterhaften Leben, das erst erwachte, wenn alles Licht völlig erloschen war und der Wald in Finsternis gehüllt war.

Wistmann's Wood ist ein kleiner Wald, der aus Krüppeleichen besteht, die über 400 Jahre alt sind. Dieser Ort bietet Urkraft par excellence. Man fühlt sich zurückversetzt in eine Zeit vor unserer Zeit. Was viele Wanderer, die diesen Weg begehen, nicht wissen, ist, dass es einer der alten geraden Pfade der Old Tracks, der Laylines, ist. Ein besonderer Weg, der auch eine besondere Kraft und Mystik ausstrahlt.

Ich spürte die Präsenz einer ungeheuren, aber angenehmen Kraft. Sie flüsterte leise in mein Denken und warnte mich, sehr vorsichtig zu sein, wenn erst die Nacht hereinbräche. Jetzt erst bemerkte ich das diese Bäume ein ganz eigenes Kraftfeld oder eine Aura besaßen. Innerhalb der magischen Baugruppe setzte ich mich auf einen Stamm, sprach ein Schutzgebet und machte mich auf die Zeitreise.

Die Sonne sank langsam unter die Linie des Horizonts, Dämmerung legte sich übers Land. Das Surren und Summen der Insekten erfüllte die Dunkelheit. Etwas veränderte sich! Das geheime Leben, das sich im Schatten des Waldes lauerte, erwachte und erhob sich, Ausschau zu halten....."Wistmann's Wood" flüsterte eine Stimme:

Sie kommen aus der Tiefe Deiner Träume
Vom Verlangen geweckt
Tragen sie Wünsche in Deine Gedanken.
Jäger der Nacht, ans Licht gebracht.

Blitze zerreißen das Dunkel
Energie auf dem weg ins Nirgendwo.
Wünsche werden geweckt, Träume gehen verloren.
Jäger der Nacht, ans Licht gebracht.

Ein Hauch von Magie
zieht durch den Steinkreis
Licht und Schatten,
Trennung und Vereinigung.
Gib acht, gib acht....
Jäger der Nacht, ans Licht gebracht.

Ein Stück Glut verborgen im Herz des Jägers.
Ein Stück Deiner Hoffnung
Gefangen in seinen Augen.
Jäger der Nacht, ans Licht gebracht.

Die Welt erwacht langsam.
Erste Sonnenstrahlen bereiten den Tag.
Doch, gib auf Deine Träume acht.
Gib acht, gib acht...........
Jäger der Nacht, ans Licht gebracht

Hier im Wistmann's Wood oder im Steinkreis von Stonehenge, aber auch am Carn les Boel in Cornwall, hier ist die Gegenwart, nicht die Zukunft am machtvollsten. Und das Tor hier im Wistmann's Wood oder im Kirchenfriedhof von Holne ist wahrhaftig ein Tor, das wir hoffentlich nie durchschreiten brauchen.

Übrigens die Legende erzählt, dass zur dunklen Zeit in Großbritannien hier eine Gruppe von, wie sagen die Engländer, *a pack of gostly black dogs*, gehaust haben soll. Was für ein Glück, mir sind sie diesmal nicht begegnet!

Stonehenge – über 4000 Jahre alt

Wo auch immer man in Stonehenge mit seinen Überlegungen anfängt, man endet in Fragen. Das aber macht sicherlich – auch heute noch – einen großen Teil der Magie dieses uralten Steinkreises aus.

Was vor 4000 Jahren schon richtig war, ist es heute auch! Stonehenge ist ein idealer Treffpunkt. Von weitem her sichtbar, kann man ihn nicht verfehlen. Hier führt die verkehrsreiche Straße A-303 vorbei, und nicht der Gesang der Vögel erfüllt die Landschaft, sondern beständiges Motorgedröhn. Aber das dürfte sich an Plätzen, wo Menschen heutzutage zusammenkommen, nicht mehr vermeiden lassen!

Der Touristenindustrie bringt dieses Megalithmonument aber Erfolg. Immer eine halbe Millionen Menschen besuchen es alljährlich. Das sind immerhin fast 1500 pro Tag. Vor diesem Ansturm allerdings muss Stonehenge mit einem Zaun geschützt werden. Außer den staatlich anerkannten Druiden darf niemand mehr in die Mitte der Anlage. Was so nicht ganz richtig ist.

Auch hier gibt es eine Ausnahme von der Regel! Wäre die Einfriedung nicht so hässlich, könnte man sagen, dass dem inneren Steinkreis immer noch etwas Mystisches anhaftet. So sieht das von draußen aus! Doch wenn man erst mal innen steht, dann merkt man die Kraft.

Es gibt seit neuestem Pläne, die Durchgangsstraßen bei Stonehenge zu verlegen und den Zaun wieder zu entfernen. Wann das allerdings soweit sein wird, steht in den Sternen.

Kurz noch zu den Besitzverhältnissen: Dank der Großzügigkeit eines englischen Gentleman wurde das Monument dem englischen Volk zugänglich gemacht. Bis 1915 gehörte es zum Privatbesitz eines reichen Engländers, der es erst drei Jahre zuvor für 6600 Pfund Sterling ersteigert hatte, weil – wie er sagte – seine Frau einmal beim Frühstück erwähnt hatte, wie schön es wäre, Stonehenge zu kaufen (ach, diese Briten). Schließlich aber machte der Käufer es der Öffentlichkeit zum Geschenk.

Danach hat sich die Umgebung von Stonehenge in all den Jahren nicht zum besseren gewandelt: Massenparkplatz, Tunnel, Zäune – alles so entworfen, dass es in auffälliger Weise nicht auffallen soll. In Geschichtsbüchern und Fotobänden dagegen ist Stonehenge meist ohne diese hässliche Einfriedung abgebildet. Wenn man das erste Mal dorthin kommt, ist man erschreckt infolge der Menschenmassen und dieser Umzäunung. Wenn ich das so sehe, kommen mir die Tränen.

Doch nicht nur heute hat man Stonehenge vergewaltigt. Im 19. Jahrhundert war man materialistisch eingestellt und nahm Steinmehl von echten Stonehenge-Steinen drei- bis viermal täglich gegen jedes körperliche Unwohlsein ein. Mit einem ausgeliehenen Hammer bröckelte man von den Megalithen für den Hausgebrauch etwas Stein ab, der daheim im Mörser fein zerstampft wurde.

Wie heute noch zum Beispiel das Horn eines Nashornes genoss Steinmehl von Stonehenge den gleichen Stellenwert wie Wasser aus heiligen Quellen.

In unserer heutigen Zeit möchte man diese Steine berühren, um etwas von ihrer Energie mit nach Hause zu nehmen – ohne allerdings zu wissen, welche Kräfte man da auf sich überträgt.

Ich selbst spürte in Stonehenge die Anwesenheit von etwas ungeheuerem alten, das etwas irgendwo am Grunde der Seele Verborgenes anspricht.

Die Macht der Steine

Kein Bauwerk der Steinzeit hatte so die Phantasie der modernen Welt beflügelt wie Stonehenge. Stonehenge liegt in der Grafschaft Wiltshire in Südwestengland. Es gibt sicher aufregendere Landstriche in Großbritannien, aber schon Jahrtausende vor Stonehenge wählten Menschen diesen Platz für ihren Tempel.

Um 8000 v. Chr. rammten sie erste Pfähle in den Boden, dort, wo sich heute der Parkplatz befindet. Sie markierten den Kultplatz und die benachbarten Gräber mit weißem Kalkstein, der unter der grünen Grasdecke liegt. Historiker stellten fest, dass es bei Stonehenge mehrere Bauphasen gibt.

Um 1500 v. Chr. war das Megalithenmonument dann vollendet. Aber ein Observatorium, wie es viele haben möchten, war es sicher nicht. Der Weg geht nach innen ins Zentrum, nicht nach außen zu den Gestirnen. Um deren Lauf zu beobachten, hätte es nicht eines solchen Monumentes bedurft.

Stonehenge schützt sich durch die Düsternis, die es auch heute noch verbreiten kann. Noch als Ruine kündet es von der Macht derer, die es erbauten. Es ist, als ob es bis heute nur seinen Erbauern gehorcht und niemand sonst. Ein Bauwerk, das Macht symbolisiert. Ein Bauwerk, das trennt zwischen denen, die es betreten und denen, die es nur von außen betrachten dürfen.

Der Tanz der Riesen

Es gehört zum Bild von Stonehenge, in der Anordnung der Steine einen geheimnisvollen Sinn zu sehen. Die Lage von Stonehenge ist astronomisch berechnet. Nur im engsten Umkreis seiner geographischen Länge und Breite können die Winkelausrichtungen der Jahreszeiten das symmetrische Muster bilden, das man hier vorweist.

Es zeugt von langer Erfahrung in der Positionierung von Pfählen oder Steinen, dass solch ein Tempel offenbar ohne jedes Herumprobieren geplant werden konnte. Er wurde vergrößert und weiterentwickelt und musste jedoch nie geändert werden.

Das ganze Gebiet ist mit Grabstätten übersät. Offenbar, weil viele an diesem heiligen Ort beerdigt werden wollten. Wiltshire besitzt etwa 2000 Rundhügel, von denen sich etwa 300 in der Nähe von Stonehenge befinden. Die meisten davon sind jedoch jünger als Stonehenge.

Das einzige Monument, das irgendwie an Stonehenge erinnert, ist der große, runde Steintempel in Ottilienburg im Elsaß, der zerstört ist und über den man nur bruchstückhaft Bescheid weiß. Er zeigt eine Baukunst, die auf die Kenntnisse mediterraner Strukturen schließen lässt, mit Zapfen und Löchern wie in Stonehenge und er befindet sich im Zentrum eines großen Gebietes voller Überreste der La-Ten-Kultur. Egal, welcher Meinung man ist, wofür oder womit oder von wem Stonehenge erbaut wurde, man kann nicht abstreiten, dass sich in diesem Monument ein Kult, der durch Sonne und Mond repräsentierenden Naturkräfte ausdrückt.

Ein Kult also, den man normalerweise als druidisch bezeichnet. Und wenn die numerologischen Hinweise, die hier vorliegen, irgend etwas bedeuten, dann gab es auch eine Verbindung zu anderen Himmelskörpern, jeweils ersichtlich aus besonderen Einzelheiten.

So ergibt der Umfang des inneren Steinkreises, multipliziert mit der Zahl 2,7 Mio. den Umfang der Erde, und der Durchmesser von Stonehenge ist der 400 000. Teil des Erddurchmessers. Natürlich ist das Zahlenmystik. Aber jede wissenschaftliche Rekonstruktion von Stonehenge ist das eigentlich auch.

Die Computerkonstruktion ist perfekt, vielleicht zu perfekt. Denn wir wissen nicht, ob Stonehenge wirklich vollendet wurde. Aber wenn, dann wird die Computeranimation dem echten Stonehenge wohl am meisten gerecht.

Stonehenge ist und war ein Tempel der Liebe. Die Menschen, die ihn erbauten, waren vielleicht 18 Jahre alt und mit 30 Jahren wahrscheinlich tot. Sie erfüllten diesen Platz mit der Kraft ihrer Riten. Riten der Liebe und der Sexualität.

Die Steine hier haben diese Kraft aufgenommen. Aber sie künden noch von weiteren Kräften, von heiligen Linien, sogenannten Lay Lines, die sich hier kreuzen.

Insgesamt sind es 25 dieser Linien. Eine dieser Lay Lines verbindet Avebury und Stonehenge. Sie läuft durch den Silbury Hill durch das Grab von Westbury und verschiedenste andere Plätze. Nur die Steine stehen starr und unerschütterlich. Vielleicht ist es das, was sie verheißungsvoll wirken lässt. Steine sind ausdruckslos, geduldig und stumm.

Jeder Stein in dem Kreis von Stonehenge hat seine Bedeutung. Das ist der Regenstein oder der Donnerstein, auf seiner Spitze ist Eisen oxidiert. Er zieht die Blitze an, die hier einschlagen und die Lay Lines aufladen. Und nichts anderes geschieht mit den Menschen. Jeder muß seiner eigenen Lay Line folgen, seinen Weg gehen.

Ich kam auf meiner Reise hierher, um zu sehen, zu spüren und zu begreifen. Ich kam hierher, und jetzt bin ich ein Druide und durchschreite das alte Königreich, folge den Wegen, die zum Glück, zum Leben und zur Liebe führen.

Es war wohl auch der richtige Zeitpunkt, denn ich bekam die Gelegenheit, Stonehenge in aller Ruhe zu erleben. Ich bekam eine dieser heißbegehrten Sondergenehmigungen, zwei bis drei Stunden ungestört im inneren des Steinkreises zu verbringen.

Spüren, Fühlen, Sehen und Erkennen

Es war ein schöner Tag, als ich den Weg gen Osten zu den jenseits von Avalon liegen Ebenen einschlug. Die warme Sommersonne und die offene Weite der Felder hatte viel dazu beigetragen, diesen Tag zu genießen. Vor mir dehnte sich ein ödes Kalksteingebiet aus. Verschwunden waren die honigfarbenen Felsen – an ihrer Stelle nun eine Erde, die untauglich schien, für reiches Leben zu sorgen.

Doch einige Minuten später bemerkte ich, dass ich mich getäuscht hatte. Das Land war nicht völlig verlassen. Aus dem grauen Boden weit vor mir am Horizont erhob sich ein riesiges rundes Bauwerk von gewaltigen Ausmaßen. Ich wurde von einer rätselhaften Anziehung erfasst und meine Neugier steigerte sich zu Verwunderung und zum Erstaunen.

Dann endlich konnte ich es deutlich sehen: ein riesengroßer Kreis aus viereckig behauenen Steinblöcken von bläulicher Farbe, der als äußere Begrenzung von einem runden Graben umgeben war. Der Eindruck war überwältigend, da es mit jedem Schritt mächtiger zu werden schien. In einer ziemlichen Entfernung außerhalb des Hauptkreises stand ein einzelner Menhir, der im Unterschied zu den anderen unbehauen war. Der Anblick dieses Monolithmonumentes ließ unfehlbar mein Blut schneller fließen.

Beim nochmaligen Hinschauen stellte ich fest, dass es sich nicht bloß um einen Kreis handelte, sondern in Wirklichkeit um eine Dreiergruppe, wobei ein Kreis im anderen lag. Die beiden kleineren waren unvollständig, an einem Ende offen und eher wie ein Hufeisen geformt.

Doch der äußere Ring, der war prachtvoll und musste vor Jahrtausenden wohl vollständig erhalten gewesen sein. Seine gewaltigen Säulen überragten mich dreimal an Größe und waren oben mit Dreiecksteinen versehen, so dass von unten ein geschlossener Kreis sichtbar war.

Und dann fiel mir auch der Name ein: Ort der hängenden Steine,, oder Stonehenge. Ich bin von Nordost gekommen und durch das Tor zwischen den Steinen, durch das die Mittsommersonne beim Aufgehen einfällt und Heel Stone und Mittelpunkt miteinander verbindet, in den Kreis eingetreten.

Sofort habe ich das Gefühl oder eher gesagt das Empfinden von einer sehr alten, mächtigen Energie. Kräfte, die ich so in meinem Leben noch nicht gespürt habe. Ich bleibe stehen, um mich zu besinnen, und meine Kraft und Macht zu sammeln.

In meinen Gedanken formiert sich der Satz: „Es ist töricht, den großen Ring unvorbereitet zu betreten. Ich werde also warten, bis die richtige Stunde zum Betreten naht. Man muss viel lernen, bevor man einen Fuß auf heiligen Boden setzen darf. Ich werde die Schwelle der Abenddämmerung nutzen ... den Ritus des Überganges ... Ja, das wird die richtige Zeit sein. So war es vor Jahrtausenden, und so wird es jetzt auch wohl richtig sein."

Und was erlebte ich bis dahin? – Einen vollkommenen Sonnenuntergang. An die Stelle, wo ich saß, sandte die Sonne lange rote Lichtstrahlen zwischen den Steinen hindurch, die jetzt im Schatten der Abenddämmerung fast schwarz aussehen. Bald war ich von den Nachtgeräuschen der Ebene umgeben und die mächtige Silhouette, die vor dem Sternenhimmel stand, ließ mich wie einen Zwerg erscheinen.

Bevor ich den Kreis betrat, sprach ich noch zum Schutz Talhaiarns Gebet:

Gewähre, oh Gott, deinen Schutz und dem Schutz Stärke
Und in der Stärke Verständnis
und im Verständnis Wissen
und im Wissen Wahrheit
und in der Wahrheit Gerechtigkeit
und in der Gerechtigkeit Liebe
und in der Liebe die Liebe zu Gott
und in der Liebe zu Gott die Liebe
zu allem, was lebt.

Ich betrete den Kreis von der Avenue her, schließe die Augen und beginne meinen Weg im Uhrzeigersinn zwischen den äußeren und inneren Trilithensteinen. Ich registriere den Stein, der mich anzieht. Zunächst befinde ich mich hinter dem Stein. Als ich dann aber um ihn herum gehe, fällt mir eine leichte Ausbuchtung auf, in die ich mich stellen soll. Ein Mensch meiner Größe passt genau hinein.

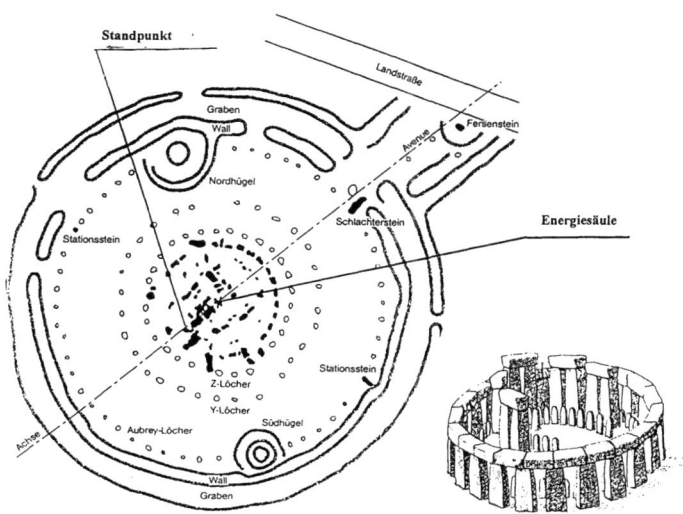

Stonehenge – damals und heute

Als ich Platz genommen habe, befinde ich mich genau auf der Achse Heel Stone – Ruferstein – Mittelpunkt, der Sonnenaufgangslinie an der Sonnensommerwende. Ich schließe die Augen, versenke mich in mich hinein und sehe die Energie vom Mittelpunkt aufsteigen als hellgelbe dünne Säule. Nachdem ich immer tiefer in den Stein sinke, spüre ich einen Energiefluss, dem ich mich gerne anschließe. Nach einiger Zeit komme ich mir vor wie in einem Karussell, der gesamte Innenteil von Stonehenge scheint sich zu drehen und auch zu schwanken. Aber es ist ein angenehmes Gefühl.

Und da, blitzartig, sehe ich Stonehenge wie es einmal war, in seiner gesamten Größe! Dann hüllen mich wieder reine, starke Kräfte ein. Es ist, wie im Feuer zu stehen oder besser gesagt selbst völlig aus Feuer zu sein. Ich empfinde die Kräfte als stark reinigend, bald meine ich, alle vier Elemente in mir fühlen zu können, ja sogar damit arbeiten zu können.

Ich hebe meine Hände und fühle Energie aus den Handflächen geradewegs durch den Mittelpunkt entlang der Achse mich zu bewegen. Meine bei der Reiki-Einweihung geweihte Kristallkugel verstärkt diesen Effekt. Das bewirkt auch ein deutliches Anschwellen der Lichtsäule in der Mitte des Steinkreises.

Selbst mit geschlossenen Augen beherrscht das Bild und die Präsenz der großen Steine mein Dasein. Wie ein ungeheuer großes, vor Energie pulsierendes Lebewesen, das Beachtung verlangt. Wie sehr ich mir wünschte, die Steine würden Stimmen haben, um von ihren stummen Jahren der Weisheit zu erzählen – an diesem Ort, einem Eingangsort zu dem Erbe so vieler Kulturen.

Und dann kam mir die Idee. Hatte ich doch die Möglichkeit, in einen leichten Versenkungszustand einzutreten und geistig mit dem Objekt zu verschmelzen, um einen Bericht seiner vergangenen Zeit zu erhalten. Eigentlich war dies nichts anders, als die darin gespeicherte Energie in sich aufzunehmen. Das ist doch bestimmt auch mit Steinen möglich.

Die Idee reizte mich. Und damit war es eine beschlossene Sache. Mit langsamen, vorsichtigen Bewegungen drehte ich mich um und berührte meinen Stein. Das Blut pochte in mir wild in den Adern. Ob vollständig oder nicht, der Kreis ragt immer noch schaudererregend und ehrfurchtsvolle Furcht einflößend, die keinen Grad an Selbstbeherrschung zu beeinflussen vermochte, vor dem Himmel empor. Beunruhigt von dieser düsteren Präsenz zwang ich mich, die Augen zu schließen und streckte unsicher die Hand aus, um die kalte Oberfläche des Steines zu berühren.

Endlose Minuten lang versuchte ich dann erfolglos, meinen Atem zu besänftigen, damit er so tief und regelmäßig wurde, wie es für die Aufnahme notwendig war. Schließlich, als ich schon müde und erschöpft wurde, legte sich die Ruhe des Versenkungszustandes über mich und das innerste des Wesens des Steines wurde mir bewusst.

Doch hier und heftig brachen blendende Farbexplosionen aus der Dunkelheit in mir hervor. Regenbögen aus Licht ließen Visionen über Visionen entstehen, deren Zahl ich heute nicht mehr zählen kann, bis ich spüren konnte, wie die Grenzen der Realität wegglitten. Ich kämpfte verzweifelt darum, meine Hand von dem Stein zu lösen, um die Verbindung zu unterbrechen – doch es war vergeblich.

Eine letzte Vision überkam mich. Und dann ... war alles verschwunden. Dunkelheit und Schweigen drangen schwer in mich hinein, und ich fühlte mich wie ein schwacher Mensch, der ich nun einmal auch war. Im Geist hörte ich nur die Stimme: „Dummer Junge, glaubst du wirklich, dass dein ungeweihter Geist die Wunder der alten Welt festhalten könnte?"

Meine Begleiterin hatten mich wohl gesehen und rannten schnell zu mir. Mir wurde eine Flasche Mineralwasser an die Lippen gesetzt, und ich trank in tiefen Zügen das Wasser von der Blutquelle in Avalon. Bald durchströmte mich die Kraft des heiligen Wassers, und ich kam wieder zu mir. Die Sonne war untergegangen, der Mond stand am Himmel.

Doch sobald meine Augen nochmals auf jenen Riesenbau fielen, strömten die Erinnerungen an diesen Abend rasch zurück, dass ich augenblicklich wusste, was geschehen war.

Ich glaube, ich habe doch etwas Unbesonnenes getan. Wäre ich noch etwas tiefer in die Steinversenkung gefallen, dann hätten mich wohl nicht mal die Künste Merlins wieder zurückholen können. Ich hätte wohl sterben können. Der Übergang in die Anderswelt wäre so einfach gewesen. Aber in Anbetracht dessen, dass man mich verschonte, sollte ich wohl allen Göttern Dank sagen.

Bei hellem Tageslicht wirkt Stonehenge noch weitaus massiver als während des Halbdunkels in der Nacht. Ich frage mich, ob nicht vielleicht die großen Steine ihr Hoheitsgebiet mit einem unsichtbaren Feld schützen.

Meiner Begleiterin erzählte ich von meiner Vision des doch instandgesetzten Stonehenge. Es gab einen kleineren Kreis aus Blue Stones (jeder etwa in meiner Größe) gerade innerhalb der Riesensteine und noch einen zweiten Halbkreis von ihnen, der weiter innen lag. Doch zwischen diesen beiden befanden sich fünf der großen und gewaltigsten aller Denkmäler aus zwei aufrechten und einem quer darüberliegenden Stein: fünf vollkommene Trilithen, in Hufeisenform um den Zentralstein angeordnet. Riesen inmitten von Riesen.

Wir stehen hier an einer Stelle zwischen den Ebenen zu einer Zeit, die keine Zeit ist, an einem Ort, der kein Ort ist, an einem Tag, der kein Tag ist. Zwischen den Welten und jenseits von ihnen. Doch sind wir hier.

Für den heutigen Tag war es genug. Ich gehe noch mal dankbar außen um den Kreis herum und begebe mich dann still zum Ausgang dieses bemerkenswerten Kreises. Es war ein überwältigender Abend.

Was wird sein?

Stonehenge überlebt vielleicht nur deshalb über die Jahrtausende hinweg, weil es denen, die ihm schließlich hätten gefährlich werden können, bei den Menschen der Moderne Gefühle weckte. Gefühle für einen Raum, romantische Gefühle. Denn von Stonehenge erlebt man etwas, wenn man hinkommt, wenn man hineinkommt, hinein deswegen, weil es ein Raum ist. Es ist ganz selten, dass Architekten oder Planer Räume schaffen oder Räume zusammenbringen. Ein Raum muss kein Dach haben. Ein Raum kann innen sein, kann außen sein. In Stonehenge ist es alles. Beim Betreten der Anlage spürt man immer eine Atmosphäre. Auch eine Atmosphäre der Neugier.

Spätestens seit dem Maschinenzeitalter haben sich die Menschen auch von der Last der Steine emanzipiert und konnten sie als Symbole des Zeitlosen genießen. Je geheimnisvoller sie erscheinen desto erhabener die Empfindung. In der tieferstehenden Sonne wird noch einmal die Straße sichtbar, die einmal nach Stonehenge führte. Auch sie war von Steinen gesäumt.

Wir wissen nicht, was hier geschah, aber es muss etwas Besonderes gewesen sein, getragen auch von dem Gefühl, geborgen zu sein im Inneren eines Bauwerkes, das nur bestimmte Menschen betreten durften – Eingeweihte, während die anderen ausgesperrt blieben. Zwischen dem ursprünglichen Stonehenge und uns liegen alle möglichen Vorstellungen. Alle möglichen Erwartungen.

Ich glaube, die Menschen wollen Stonehenge erforschen, tatsächlich aber erfinden sie es immer wieder neu. Das ist es, was wir bis heute tun, wenn wir uns mit diesem monolithischen Steinkreis beschäftigen. Sollen die Straßen und der Parkplatz nahe des Steinkreises verschwinden. Stille soll sich über die Landschaft senken und über Stonehenge, so dass wir es auf uns wirken lassen können, wie es damals war. Damals – vor etwa 4000 Jahren.

Es ist, als ob wir etwas selbst verlieren würden, wenn Stonehenge einfach das wäre, was es heute ist, eine Ruine aus Stein. Es ist uns vertraut, weil die Menschen, die es erbauten, im Grunde so lebten, wie wir es noch heute tun. Und es ist uns fremd, weil diese Gesellschaft sich über 1000 Jahre um ein rituelles Zentrum scharte und nie den Glauben daran verlor.

Vermutlich ist es gerade das, was uns bis heute an Stonehenge fasziniert. Weil diese Gesellschaft auf einen Mittelpunkt hinlebte, sich in einem zentralen Bauwerk wiederfand und sich vielleicht der Illusion hingeben durfte, nicht nur eine Ansammlung Einzelner, sondern eine Gemeinschaft zu sein. Und davon träumen wir doch heute insgeheim auch noch.

Glastonbury – das sagenumwobene Avalon?

Die Legenden, die sich um eine der berühmtesten Kultstätten Englands ranken, ziehen zahllose Besucher und Pilger in ihren Bann. Ist König Artus tatsächlich auf dem Gebiet der Abtei begraben? Liegt der heilige Gral wirklich in Chalice Well verborgen? Führt ein Labyrinth spiralförmig zur Hügelkuppe des Glastonbury Tor hinauf? Alles Fragen, die bis heute noch nicht beantwortet sind.

Der konische Hügel Glastonbury Tor, dessen Kuppe ein verfallener Kirchturm krönt, überragt als Wahrzeichen einen der mysteriösesten Orte Englands, die Ebene von Sawnerset Levels, Glastonbury, Standort eines der ältesten christlichen Bauwerke des Landes, ist von einer reichen Mischung aus Tradition und Legende, Mythos und Romantik durchdrungen. Die ländliche, aber geschäftige Kleinstadt spricht alle möglichen Besucher an. Romantisch veranlagte Naturen werden durch die Legende des König Artus, Pilger durch das altehrwürdige christliche Erbe angelockt. Mystiker versuchen, hier den heiligen Gral zu finden, und Astrologen zieht das Gerücht an, dass über der hiesigen Landschaft ein Tierkreiszeichen ausgelegt sein soll.

Allen gemeinsam ist, wo immer sich hier mystische Kräfte bemerkbar machen, vernimmt man die Stimme von Glastonbury – nie dominant, doch immer auf Einfluss nehmend auf die Menschen, die es besuchen.

Und wo immer man auf der Welt ist und wo immer Wasser in der Nähe ist, mit dem richtigen Zauberspruch ist Avalon immer erreichbar!

Glastonbury, die legendäre Ile of Avalon war tatsächlich eine von Sumpfland oder Schwemmwasser umgebene Insel, als sich die frühen Christen hier ansiedelten. Wann dies genau war, ist allerdings nicht bekannt. Als erste verläßliche Zeitangabe gilt das Jahr 705 n. Chr., in dem König Ine hier ein Kloster gründete, das im 10. Jahrhundert eine Benediktinerabtei wurde.

Die Lady Chapel der Abtei aus dem 12. Jahrhundert steht an der Stelle einer älteren Kirche, die im Jahre 1184 n. Chr. einem Brand zum Opfer fiel. Jene »Old Church« hat der Überlieferung nach Joseph von Arimathia erbaut, jener reiche Edelmann, der den Leichnam Christi in seinem Grab bestattet hatte.

Das größte Mysterium aber dürfte wohl die Frage sein, ob der Leichnam König Artus auf dem Abteigelände beigesetzt wurde. Erst kürzlich stieß man auf Hinweise, die vermuten lassen, daß König Artus in der Nähe von Britgent in Süd-Wales begraben sein soll.

Nach Artus letzter Schlacht von Camlen, deren Austragungsort nicht bekannt ist, wurde der sterbende König zur mystischen Ile of Avalon gebracht. Dort befahl er Sir Bediwer, dafür zu sorgen, daß sein berühmtes Schwert Excalibur nicht in andere Hände gerate, und als dieser es in die See schleuderte, tauchte eine Hand auf dem Wasser auf und ergriff es.

Wo sich diese seltsame Begebenheit zugetragen haben soll, vielleicht am Dosmery Pool im Bodmin Moor oder der langläufigen Meinung nach bei Popels Bridge, kurz vor Glastonbury, ist heute nicht sicher.

Das Grab auf dem Abteigelände wurde entdeckt, nachdem ein Walisischer Barde das Geheimnis der Beisetzung König Heinrichs II. preisgegeben hatte. Man suchte und fand in rund zwei Meter Tiefe eine steinerne Grabplatte und ein bleiernes Kreuz mit der Inschrift *HIC IACET SEPTULUS IN CLITUS REX ARTURIUS IN SIGLA AVALONIA*, was heißen mag: Hier liegt begraben der ruhmreiche König Artus auf der Insel von Avalon.

Etwas unterhalb der Platte fand man einen Sarg, der aus einem hohlen Baumstamm gefertigt war, mit dem Knochen eines über zwei Meter großen Mannes, dessen Schädel Verletzungen aufwies. Daneben lag ein kleineres Skelett, das man anhand des blonden Haares als das von Gweniwer identifizierte.

Doch ob das Grab nun wirklich König Artus' Grab ist, das ist bis heute noch nicht bewiesen. Doch gilt die Stelle als Artus' Grab, an der die Gebeine im Jahre 1278 vor dem Hochaltar in einer Marmorgruft gebettet wurden. Das nicht gekennzeichnete Originalgrab liegt 15 Meter vor der Südpforte der Lady Chapel.

Der Weg nach Avalon

Das alte Avalon – in unseren Tagen unter dem Ortsnamen Glastonbury zu finden – liegt in der südenglischen Grafschaft Somerset. Glastonbury ist ein Ort, von dem aus man nach Avalon hinüber gelangt, zur letzten Zuflucht der Göttin mit ihren Frauen, Priesterinnen, Heilerinnen und Seherinnen.

Es gibt viele Wege, die einem zum englischen Jerusalem, der heiligsten Erde Englands, führen. Man kann über die Breite Straße der Geschichte dorthin gelangen, die durch ein reiches Land führt, denn es gibt kaum eine Phase in der spirituellen Geschichte des englischen Volkes, in der diese Stadt keine Rolle spielt.

Es gibt aber auch die Straße der Legenden, die nach Glastonbury führt. Die Geschichte um Artus und seine Ritter, den Gral oder der steile Fels, den die Kelten einst das »Tor« nannten.

Und es gibt einen dritten Weg, einen Weg der geheimen Feldpfade der Seele, den mystischen Weg, der durch eine verborgene Tür in ein Land führt, das nur dem sehenden Auge bekannt ist: das innere Avalon.

Immer noch ziehen Pilger nach Glastonbury. Manche, die wissen, was sie suchen, kommen in Gruppen. Andere kommen alleine mit der Erwartung, was ihnen wohl auf diesem heiligen Boden begegnen mag. Aber keiner geht so fort wie er gekommen ist. Hier ist der Schleier, der das Unsichtbare verhüllt, sehr dünn. Hier strömen die unsichtbaren Gezeiten mit Macht. Hier sind die Erdkräfte enorm.

Und nach Avalon kommt man heute genauso wie damals: Nur durch die Nebel, indem man das Boot ruft. Man steht dort am Rande des Wassers, sendet einen stummen Ruf aus, und wenige Augenblicke später taucht auf der grauen Wasseroberfläche eine flache Barke auf. Sie gleitet ruhig dahin, als schwebe sie auf dem See wie ein Wasservogel. Man hört keinen Ruderschlag. Aber als sie näherkommt, sieht man schweigende Ruderer, die das Boot ohne den leisesten Laut ans Ufer bringen. Es sind halbnackte, dunkle, kleine Männer mit magischblauen Tätowierungen.

Auf mein Zeichen hin stießen die Ruderer ab, und die Barke glitt lautlos durch das Wasser. Ein heller silbriger Dunst lag über dem See, hinter dem die Berge golden schimmerten. Als wir uns in der Mitte des Sees befanden, erhob ich mich, sammelte meine Kräfte und hob die Hände. Sie bewegten sich als spännen sie einen unsichtbaren Faden. Die Worte, mit denen ich den Nebel herbeirief, fügten sich in meinem Bewußtsein zu dem heiligen Spruch, der sich in der Wirklichkeit manifestierte und die Welten durch die Bewegungen meiner Hände miteinander verband.

Ich konzentrierte mich mit meinen Kräften auf diesen Willensakt, A-valon aus den Nebeln herbeizurufen. Man muß sich konzentrieren, denn der Augenblick zwischen den Zeiten ist sehr gefährlich.

Seit die Hohepriesterin die Nebelwand zum Schutz von Avalon beschworen hat, waren die geheimen Worte an viele weitergegeben worden. Doch im Laufe der Jahrhunderte verschwanden diese Worte, und es verlor sich zwischen den Welten. Doch jetzt und heute in diesem Jahrtausend kann Avalon wieder auftauchen, wenn man den Weg zu seinem Inneren findet und den richtigen Zauberspruch hat.

Durch die magischen Nebel der Zeit und des Vergessens glauben wir einen Schimmer zu sehen von Avalon – der heiligen Insel, wo Frauen dazu ausgebildet wurden, der Göttin und ihrem Land als Priesterinnen zu dienen. Avalon war eine autarke Gemeinschaft. In den umgebenden Seedörfern lebte das »alte Volk«. Kleine, dunkelhaarige Menschen, Ureinwohner Britanniens noch vor der Besiedlung durch die Kelten.

Glastonbury war früher eine im Marschland gelegene Inselgruppe, die hauptsächlich aus dem Glastonbury Tor, dem Chalice Hill und dem Wearyall bestanden. Hier herrschte die Anderswelt der Kelten, bevor die Mönche der Abtei von Glastonbury das Feuchtgebiet entwässerten und es im Mittelalter trocken legten. Joseph von Arimathia, der den Gral mitbrachte, kam mit dem Schiff zum Wearyall und ging an Land, da er das Glastonbury Tor sah, der den Berg Tabor in seiner Heimat Judäa ähnelte.

Der Anblick des Tors

Es lag plötzlich vor mir, das Tor von Glastonbury! Ich versehe diesen Satz mit einem Ausrufezeichen, weil der Anblick des Tors beeindruckend ist. Das Tor ist ein Berg, eigentlich eher ein kleiner Hügel, aber diese Bezeichnung würde ihm nicht gerecht. Er ist von tiefem Grün und offensichtlich in Terrassen gebaut.

Von allen Seiten her strahlt das Tor etwas Mächtiges und Mystisches aus, etwas Unnatürliches. Der Turm ist der einzige verbliebene Überrest der St.-Michaels-Kirche, die einst das Tor krönte. Im ausgehenden 5. Jahrhundert hingegen war der Platz durch einen Menhir markiert. In unmittelbarer Nähe der damals schon neolothischen Steinsetzung befand sich der Eingang in das verborgene Reich von Annwn, mit welchen Worten die britannischen Kelten die Anderswelt bezeichneten. Die Kalkhöhle hat das örtliche Wasserwerk festverschlossen, so dass jede Erforschung unmöglich ist. Warum?

Glastonbury Tor

Wer vier bis fünf Stunden Zeit hat, sollte den sich um den Hügel herumwindenden Pilgerpfad zum Tor hinaufsteigen bei der Umrundung des Tor. Dieser uralte Weg soll die Erdschlange, also die Erdenergien symbolisieren, die sich auf diesem Hügel körperlich empfinden lassen. Der Weg ist selbst zu Touristenzeiten wenig begangen und heute auch oft nicht möglich, da Bauern ihre Schafe weiden lassen und deshalb Zäune ziehen.

Nichtsdestoweniger zum Trotz, die Erdkräfte auf diesem Weg sind auf jeden Fall enorm, was vielleicht daran liegt, daß das Tor nicht nur auf der Haupt-Kraftlinie Englands liegt – der St.-Michaels-Linie –, sondern zugleich auch auf einer Kraftlinie, die wie eine liegende Acht, das Symbol der Unendlichkeit, um die ganze Erde ziehen soll.

Aus der Ferne betrachtet zieht der Turm auf dem Tor alle Aufmerksamkeit auf sich und scheint das Ziel darzustellen, auf das sich der spiralförmige Weg zuwindet. Auf dem Torhügel selbst jedoch hatte ich die verschiedensten Eindrücken. Wie ich später herausfand, entsprachen diese Bilder uralten Eindrücken, die auch andere an diesem Eingang zur Anderswelt erlebt hatten.

Gibt es in diesem Berg vielleicht wirklich einen hohlen Innenraum? Ist das Tor etwa der Zugang zur Unterwelt, zur Anderswelt? Der keltischen Mythologie zufolge ist die unterirdische Anderswelt Annwn, das Feenreich. Auch dieses Reich soll mit dem Tor von Glastonbury zu tun haben.

Das Glastonbury Tor oder das Tor Hill, wie es auch genannt wird, ruft Gedanken an die Unterwelt und an verborgene unterirdische Räume hervor. Beim Gang zum Tor stiegen in mir Bilder und Gefühle auf, die den Mythen und Legenden entsprachen, die seit langer Zeit über diesen Ort existieren.

Im Tor selbst findet man eine Energie des Schutzes und der Geborgenheit. Hier oben zu meditieren, ist wie ein Bilderbuch. Es kommen Gedanken und Bilder auf einen zu, denn es ist in der Tat ein Ort, an dem der Schleier zwischen den Welten dünner ist als anderswo.

Der Turm auf der Spitze des Tors ist das, was übriggeblieben ist von einer kleinen Kirche, die einmal dort gestanden hat. Bei klarem Wetter kann man 60 Meilen weit sehen. Aber die Aussicht ist nicht alles! Das Tor ist ein Energieort. Nach einem Besuch dort oben kommt man verändert herunter.

Ob man sich dessen bewußt sein möchte oder nicht. Das Tor ist aber auch traditionell – wie schon gesagt – der Eingang zur Anderswelt Annwn. Der König der Feen, Gwyn ap Nydd, lebt dort. Manchmal in dunklen Nächten tollt er in dem wilden Gedränge mit seinem Feenvolk über die Landschaft hinweg.

Der Hügel der Visionen

Das Tor ist wahrhaftig der Hügel der Visionen für jeden, der auch nur die geringste Neigung hat, sich einer anderen Welt zu öffnen. Wie wundervoll der Blick vom Tor aus auch sein mag, am Tag, wenn halb Somerset einem zu Füßen ausgebreitet daliegt, und man die fernen Hügel von Devon im Süden und bei klarer Luft nach Regen sogar die Hügel von Wales im Westen sieht, so ist der Blick bei Nacht noch viel wunderbarer für jene, die es wagen, im Dunkeln aufs Tor Hill hinaufzusteigen.

Am schönsten ist es natürlich beim Sonnenuntergang die Sonne über dem fernen Atlantik versinken zu sehen.

Aber es gibt eine Zeit vor allen anderen, zu der es besonders schön ist, das Tor bei Einbruch der Nacht zu besteigen – und das ist der Vollmond der herbstlichen Tag- und Nachtgleiche, zur Zeit der Messe des heiligen Michael. Wenn diese Nacht voranschreitet, verdichtet sich der Nebel. Wie die steigende Flut in einer Meeresbucht füllt er die Vertiefungen der Landschaft an. Und Avalon ist wieder eine Insel!

Die Einheimischen nennen diesen flachen Nebel, der über der Ebene liegt, den See der Wunder. Durch ihn fährt langsam dann die schwarze Barke, gerudert von den Männern des kleinen Volkes.

All dies und vieles, vieles mehr kommt nach Avalon zurück, wenn der See der Wunder sich unter dem herbstvollen Mond aus seinen Feenquellen erhebt.

In der Überlieferung heißt es, daß der Gipfel des Tor Hill einst von einem Steinkreis gekrönt war, wie es ihn auch in Stonehenge gibt, einem offenen Sonnentempel, und daß der Stufenweg, der sich dreifach um seinen Kegel windet, der Prozessionsweg gewesen sein muß, auf dem die Sonnenpriester zum erhabenen Ort ihrer Anbetung emporstiegen. An einem sturmumtosten regnerischen und windigen Tag meditiere ich oben am Tor auf der höchsten Spitze – am Tor zur Anderswelt. Und ich erfuhr, was hier möglich war.

Es war spät in der Nacht, bis sich alle vorbereitet hatten. Sie wußten, es würde nur möglich sein, das zu verrücken, was in ihren Kräften stand. Die sieben heiligen Inseln in Raum und Zeit zu verschieben, war eine beinahe unvorstellbare Aufgabe.

Ich sah mich unten am Tor stehen und blickte hinauf. Ich hatte den Ring der Steine so gut wie möglich wiederhergestellt und die umgestürzten Steine aufgerichtet und das Zerbrochene mit heilenden Sprüchen miteinander verbunden.

Doch die eigentliche Kraft in dieser Nacht beruhte auf dem Kreis der Menschen und ihrem gemeinsamen Geist. Die Bewohner von Avalon bildeten mit einem inneren und einem äußeren Kreis einen Schutzwall und wirkten als Übermittler der Kraft, die aus den Steinen kommen sollte. Avalon-Priesterinnen spielten Melodien, die schon so alt waren als die Druiden auf die Insel kamen. Während die Tänzer begannen sich in Richtung der Sonne um den Ring zu bewegen, spürte ich, wie der Strom der Kraft stärker wurde, das Licht war die sichtbar gewordene Energie, die um den Rand des Kreises wirbelte.

Wie Wasser folgte die Energie dem Weg des geringsten Widerstandes. Das Strömen brach nicht ab, denn die Entschlossenheit der Tänzer würde die Kraft zum Ziel bringen. Ich verankerte mich mit einem Teil meines Bewußtseins in der Erde des Tors. Komisch, ich hatte das wohl schon oft getan und war heute aufs Neue überrascht, wie die Kraft durch mich hindurchzufließen begann.

Die Luft innerhalb des Steinringes wurde immer leichter. Wenn die Tänzer genug Kraft heraufbeschwören konnten und ich stark genug war, um diese zu sammeln, dann könnte es geschehen. Die Kräfte stauten sich zu schwindelerregenden hohen Wellenbergen auf. Ich konnte nur noch mit großer Mühe das Gleichgewicht halten.

Noch einmal konnte ich die heraufbeschworenen Kräfte sammeln, doch dann … ein Knall, und ich war wieder in der Jetzt-Zeit. Ich fand mich auf dem Boden liegend im Tor wieder. Was war geschehen? Mein Kopf brummte, als ob ich eine Nacht lang Rotwein getrunken hätte.

Leise murmelte ich vor mich hin: »Tut mir leid, ich war doch wohl nicht stark genug.« Mit wem sprach ich hier, ich war hier oben alleine? Doch dann sah ich meine Begleiterin, und sie schüttelte nur den Kopf und hatte ängstlich aufgerissene Augen. Was war geschehen? Wo war ich gewesen? Nach einer Pause, in der ich viel Wasser trank aus der heiligen Blutquelle, machten wir uns wieder an den Abstieg in das Jahr 1999. Und auf diesem Abstieg kamen mir noch einmal die Bilder meiner Reise in den Kopf und ich erkannte, was geschehen war. Dort, im Schatten des Tor, machen sie schon seltsame und übersinnliche Erfahrungen. Und mehr als einer Person sind im Bannkreis des Tor seltsame Dinge zugestoßen. Doch das, was ich jetzt erlebt habe und heute erlebt habe, möchte ich sobald nicht wieder erleben.

Die heilige Quelle

Am Fuße des »Tor« existiert ein prähistorischer Brunnen, der aus genau jenen Steinen gebaut wurde, die bei den Erbauern von Stonehenge, Carnac und den untergegangenen Tempeln der Maja und Tolteken Verwendung fanden. Im Brunnen befindet sich eine Nische für Menschenopfer: das Wasseropfer eines Seevolkes. Und es soll das geheime Versteck des Grals sein.

Der »Gralsbrunnen« ist eine natürliche Quelle zwischen dem Tor und dem Chalice Hill. Die Quelle steigt in einen Brunnenschacht in drei Meter Tiefe auf und fließt unaufhörlich. Das Wasser enthält Eisen und obwohl es kristallklar erscheint, sind der flache Bach und die Teiche, durch die es fließt, von diesem Eisen blutrot gefärbt. Deshalb nennt man die Quelle auch Blutsquelle oder Blutsbrunnen.

Der Brunnen liegt in einem friedlichen schönen Garten, der zur Meditation und zum Zur-Ruhe-kommen einlädt. Als ich ihn besuchte, blühten die Apfelbäume, Weinreben und Rosen wucherten über den Baum, das Gras war dicht und grün. Gewundene Wege führen den Besucher durch Portale auf höhere Terrassen, an schützenden Bäumen, einladenden Bänken und wunderbaren Aussichtspunkten vorbei. Der Garten läßt eine Ahnung von Avalon aufkommen.

Das Wasser aus dem Gralsbrunnen ist kalt, schmeckt aber köstlich. Jeder kann daraus trinken oder sich etwas abfüllen. 1919 wurde der Brunnen mit einem Deckel versehen, der einen schmiedeeisernen Schmuck in Form der Vesica Piscis, was so viel heißt wie Gefäß des Fisches, versehen ist. Das Grundmuster besteht aus zwei sich überschneidenden, gleich großen Kreisen. Beide Kreisbögen führen durch den Mittelpunkt des jeweilig anderen. Wenn die beiden Kreise übereinanderliegen, wird die Form zwischen ihnen zum Fischkörper, dem Symbol für Christus.

Das Zeichen auf dem Deckel des Gralsbrunnens und auf Anhängern, die man dort kaufen kann, zeigen ein komplexeres Muster. Die beiden Kreise sind in einem größeren enthalten.

Auf beiden Seiten sieht man Weinranken und Blätter und in der Mitte einen vertikalen Stab, der aus dem Pflanzenmuster heraus oder in es hineinzuwachsen beginnt. Ich fühlte mich gleich von der Komplexität und der Schönheit dieses Anhängers angezogen.

Wenn man den Garten zum Brunnen betritt, überrascht einen die Atmosphäre dort. Denn der Garten liegt direkt an einer stark befahrenen Straße. Die Mystik und die Energie, die dort aus dem Boden strömt, läßt einen an eine Meditation hier denken. Und es gibt wohl keinen schöneren Platz als diesen, um so ein Vorhaben durchzuführen.

Ich begann mit einem Reinigungsritual, zu dem ich Brunnenwasser, also Blutwasser, benutzte. Konnte es einen schöneren und machtvolleren Ort für ein solches Ritual geben?

Ich ließ das kalte klare Wasser aus dem Brunnen über meine Hände und Arme laufen und wusch mir das Gesicht und trank davon. In der Meditation dachte ich dann an das, was ich freisetzen wollte, was ich mir wünschte und was mir dieser Ort geben könnte. Und ich erbat Hilfe, damit ich das tun konnte, was notwendig war, um nicht nur mich zu heilen, sondern auch diese Orte auf der ganzen Welt.

Ein Blumenmeer verwandelt das Gebiet in einen nahezu magischen Ort. Wer ihn besucht, kann hier den inneren Frieden finden und ungestört meditieren.

Ich glaube, dieser Ort ist eine Zeitnische. Denn hier scheint die Zeit stillzustehen, und man ist von der Ausstrahlung dieser Stätte völlig gefangen. Plötzlich hält man es sogar für denkbar, daß Elfen oder Naturgeister hier leben könnten.

Es werden der Blutsquelle auch wundersame Heilungen zugeschrieben. Sogar gegen schwere Krankheiten soll sie sich angeblich bewähren. Vieles liegt hier noch im Dunkeln. Manches Rätsel wird noch zu lösen sein. Doch das wird anderen vorbehalten sein.

Glastonbury Abbey

Das Kloster und die Energieschlange

Die Sonne sank schon ins dunkle Grün der Hügel westlich von Glastonbury. Das Rot und Graurosa der Schatten berührte das Land, als ich mich auf den Weg nach Avalon machte. Der Pfad erstreckte sich uneben den Hang hinab, wandte sich zwischen Felsblöcken hindurch über satte Wiesen und verschwand in den Wäldern des Tieflandes, um in kleinen Lichtungen und zwischen dünnerem Baumbestand vereinzelt wieder aufzutauchen.

Dichter Nebel zog auf, der sich zwischen den Höhen niederließ und regungslos verharrte, völlig abgeschirmt. Das Geräusch des Windes war wie das tiefe Brausen des Meeres, das am freien Strand brandete, schwer und wogend. Vögel hoben und senkten sich mit dem Wind. Ihre Schreie klagen zerstreut und dumpf.

Mir kam die Prophezeiung von Merlin wieder in den Sinn, mich nie unvorbereitet an einen Platz der Energie zu begeben. Irgend etwas wartete auf mich dort, dort in Glastonbury, dort am Tor Hill, dort in der Abtei.

Der Weg dauerte Stunden, doch er endete und führte mich zu den Ruinen des Kloster von Glastonbury. Dieser Platz wurde einst als die heiligste Stätte in ganz England bezeichnet. Dort stand ehemals ein keltisches Kloster, die erste christliche Gemeinde auf den britischen Inseln, und später die wichtigste Kirche Englands. Heute sind davon nur noch Ruinen übrig. Nur einige Spitzbögen des Schiffes und ein paar Nebengebäude zeichnen sich vor dem Himmel ab.

Der Boden um die Abtei ist von dichtem, grünem Rasen wie von einem Teppich überzogen. Ein rechteckiger, von einer Kette abgegrenzter Platz zeigt, wo einst der Hochaltar stand. Weitere Markierungen weisen darauf hin, wo angeblich die Überreste von Artus und seiner Frau ruhen. Überall sind Wege angelegt. Die dachlose Madonnenkapelle, die man an der Stelle der ersten Marienkirche der Christenheit errichtete, ist noch am besten erhalten.

Die lange Linie des Hauptschiffes wird im Süden durch die große graue Mauer mit ihren leeren Fensterhüllen markiert, in denen einst wohl das bunte Glas wie Juwelen leuchtete. Ich fühle, dass diese Abtei wie ein Mensch ist, der in der Blüte seines Lebens erschlagen wurde. Ihr Geist geht immer noch um. Überall um mich herum fühle ich in diesem grünen Mittelschiff die Bewegung des Lebens. Die Seele der Abtei ist noch anwesend, lebendig und energiespendend. Ich brauche nur die Augen zu schließen, um die Aura einer großen Kirche um mich herum spüren zu können.

Im Zentrum dieses großen Kirchenschiffes zu stehen, mit dem Blick zum Hochaltar, ist als stünde man in der Mitte eines Gebirgsbach. Eine unsichtbare Kraft strömt mit fließender Bewegung an mir vorbei. Solche Energieflüsse habe ich nur auf Punkten der Michaels-Linie oder auch in Stonehenge gespürt.

Was ist das für eine Kraft an solch einem Ort? Vielleicht ist es nur ein Zufall, vielleicht auch gewollt, dass das Tor Hill und auch die Abtei auf die St.-Michaels-Linie ausgerichtet worden sind.

Diese Linie beginnt am St. Michaels Mount im südlichsten Winkel Englands und erstreckt sich nahezu über 500 Kilometer. Sie passiert auf ihrem Weg Glastonbury ebenso wie die Steinzeitsiedlung Avebury sowie andere prähistorische Anlagen. Verblüffend daran ist, daß die Grundlinie ziemlich genau dem Sonnenaufgang entspricht, der sich jeweils am 1. Mai über Südengland ereignet. Sämtliche Stätten entlang dieser Linie sind übrigens dem Drachentöter geweiht: Es handelt sich hier um den heiligen Michael und den heiligen Georg.

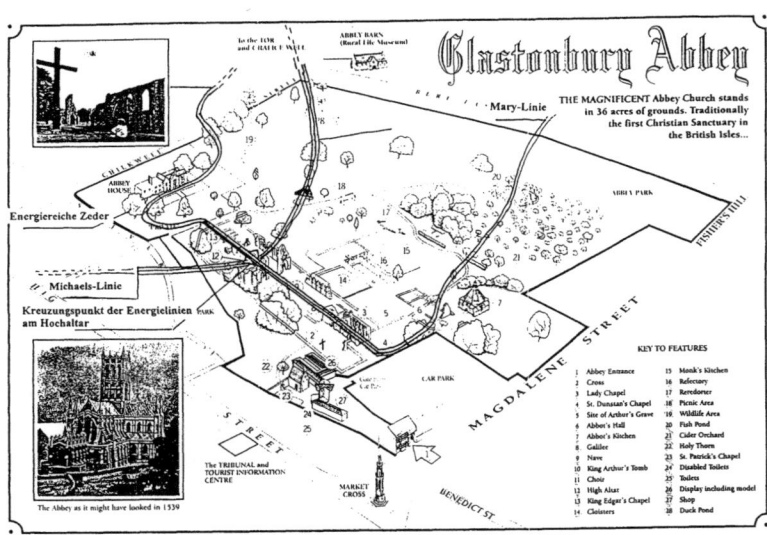

Die Abtei von Glastonbury und ihre Energielinien

Was auch immer die Erklärung dafür sein mag, die Erfahrung beweist, dass an solchen Orten eine Kraft wirkt, eine Kraft, die das spirituelle Dasein erfrischt und die Seele mit neuem Enthusiasmus und neuer Inspiration belebt.

Ein besonders schöner Punkt in der Abtei, ist die Lady Chapel (St. Joseph's Chapel). Schon bevor man in die Krypta hinabsteigt, merkt man die Kraft der Mary-Linie.

Aber erst richtig los geht es in der Nähe des Altars. Hier ist ein Punkt, wo man die Kraft stark konzentrieren und bündeln kann. Bei einer kleinen Meditation hatte ich das Gefühl, einen Energieball in der Hand zu haben.

Ein weiterer interessanter Punkt ist die libysche Zeder auf dem Abteigebiet. Dieser Baum hat in sich einen bequemen Sitzplatz. Rein setzen und wohlfühlen! Ich nehme Kontakt mit ihm auf. Ich mag diesen Platz und kann zarte und wilde Gefühle mit ihm austauschen. Ich setze mich auf den schönen Platz, schließe die Augen und lasse mich in den Stamm hineinsinken.

Es ist ein seltsamer Moment, mit einem Baum in Kontakt zu treten und seine Gedanken und Geschichten in mich aufzunehmen. Meine Begleiterin macht noch ein Foto von dem Baum, und wie ich später dann zu Hause feststellen kann, ist der Energiefluß deutlich sichtbar.

Auch ein kräftiger Punkt ist der mit einer Kette umspannte Ort des angeblichen Hochaltars. Ich habe mich ganz in die Nähe hingestellt und mich in eine Meditation versunken. Schnell und unerwartet bin ich in eine tiefe Versenkung gerutscht. Sofort sehe ich hellgoldenes Licht! Es hüllt mich komplett ein. Was ich hier empfinde, ist mit Worten nicht wiederzugeben. Noch nie habe ich so ein hellgoldenes Licht gesehen. Obwohl mir weißes, blaues oder auch rotes Licht schon öfter begegnet ist. Ich lasse dieses Licht in mich hinein und fühle mich gereinigt und neu geboren.

Nach wie viel Zeit sich das Licht dann zurückgezogen hat, weiß ich nicht. Ich weiß nur, daß ich diesen Ort wirklich glücklich und zufrieden verlassen habe. Später habe ich dann festgestellt, daß dies der Kreuzungspunkt der beiden Energielinien St. Michael und St. Mary ist, also eine Erklärung dafür, was dort mit mir passiert ist. Auf dem Hochaltar. Auf dem Kreuzungspunkt der beiden Energielinien und mit der mir innewohnenden Kraft konnte ich die Energie der Erde spüren, die durch meine Füße hinauf in meinen Körper drang. Es traf sich alles in meinem Herzen.

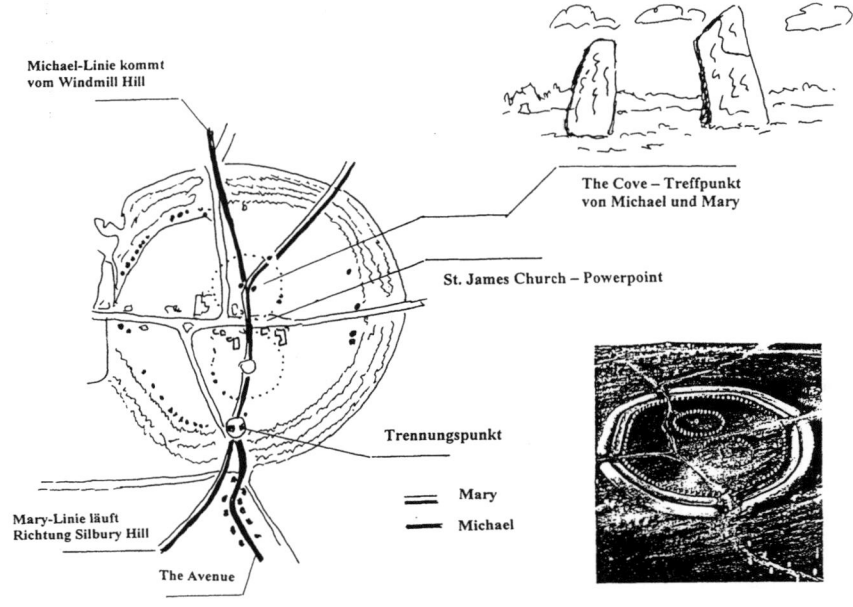

Michael-Linie kommt
vom Windmill Hill

The Cove – Treffpunkt
von Michael und Mary

St. James Church – Powerpoint

Trennungspunkt

Mary-Linie läuft
Richtung Silbury Hill

The Avenue

$=$ Mary

$-$ Michael

Der Avebury-Komplex

Rund 4000 Jahre ist der gewaltige kultische Komplex von Avebury im Süden Englands alt. Hier in dem zweitgrößten vorgeschichtlichen Monument in Wiltshire herrscht eine völlig andere Atmosphäre als in Stonehenge. Hier ist einem, als wohnten die Erbauer der Anlage noch immer in dem Dorf, dessen Hauptstraße mitten durch den Kreis führt.

2,5 Kilometer nordwestlich von Avebury hat man bei Windmill Hill die heute kaum noch sichtbaren Reste einer mit dreifachem Erdwall gesicherten Siedlung aus der Zeit um 3700 v. Chr. entdeckt. Aus der gleichen Epoche stammt das 100 Meter lange Ganggrab West Kenned Long Barrow, südlich von Avebury.

Und dann ist da noch der Silbury Hill, womöglich das rätselhafteste aller dieser Momente in diesem Kulturkomplex. Im Vorbeifahren auf dem Weg nach Avebury sieht man einen kegelförmigen Hügel von 40 Meter Höhe. Er ist auffällig regelmäßig geformt und mit Gras bewachsen. Nach neuesten Forschungsergebnissen sollen hier Hunderte von Menschen ab etwa 2800 v. Chr. in komplexer Bauweise einen künstlichen Kegelberg errichtet haben, für dessen Zweck es aber keinerlei Anhaltspunkte gibt.

Im Inneren des Hügels befinden sich keine Grabkammern, auf dem Gipfel gibt es keine Anzeichen von Bebauung aus der Epoche der Fertigstellung. Und in der letzten Bauphase wurde das Äußere mit Absätzen versehen, gleich einer Stufenpyramide.

Wozu? Während sich um Stonehenge Dutzende mehr oder weniger wissenschaftliche Theorien ranken, wagen die Archäologen über den Sinn von Silbury Hill nicht einmal zu spekulieren.

Der mächtige Ringgraben von Avebury mit dem aufgeschütteten Erdwall dahinter hat einen Durchmesser von 347 Meter (das entspricht einem Umfang von 1,3 Kilometer) und umfaßt eine Fläche von 11,5 Hektar. Diese Anlage weist ganz klar darauf hin, daß sie nicht militärischen Zwecken, sondern kultischen diente.

Doch so unterschiedlich auch die Motivation und Kultur der Erbauer gewesen sein mag, so ähnlich sind sich die Bauten doch in ihrer geometrischen Grundstruktur. Auch in Avebury wird die sogenannte Kenned Avenue, eine rund 2,4 Kilometer lange, zweireihig von Menhiren flankierte Prozessionsstraße, unterirdisch begleitet von einer tiefliegenden Wasserader. Diese führt in das Zentrum der Anlage und umspült sie. Die mit ihr mitgeführten ätherischen Kräfte werden durch Wall und Graben in der Anlage gehalten, die gleichzeitig einen perfekten Schutzkreis bilden.

So bildet sich im Inneren der Anlage ein gigantischer Wirbel ätherischer Energien, der eine Verbindung zum Kosmos schafft und anfallenden geistigen Kräften den Zugang ermöglicht.

Im innersten Kreis dieses riesigen Steinkreises schließlich finden sich zwei weitere Steinkreise, die William Stukeley 1721 Mond und Sonne zuordnete, und die zwei große ätherische Vertikalachsen umfassen.

Im Gegensatz zu Stonehenge, welches den dunklen Dunst der Blutopfer, die dunklen Ängste der dort lebenden Menschen, eben die dunklen Energien, ausströmt, wo sich grau und schicksalsschwer Stonehenge weit über das graue Land erhebt, ist Avebury ganz anders, dieser große Sonnentempel. Hier scheint eine unsichtbare Sonne, entstanden aus der Magie der Priester, für immer in die Herzen von Menschen. Hier gibt es Heilkraft und Freude.

Avebury ist für mich ein Sonnentempel. Dagegen Stonehenge eine Sakralstätte des Blutes, kalt und finster bis zum heutigen Tag und doch schön in seiner Energie.

Immer wieder wird behauptet, dass die Kraft von Stonehenge nach Avebury ausgewandert sei – das allerdings von einer Straßenkreuzung durchschnitten wird, die nicht gerade zur magischen Atmosphäre dieses Platzes beiträgt. Das kann ich so nicht bestätigen.

Die Kraft und die Magie ist immer noch in Stonehenge und sie ist in Avebury vorhanden. Und dieser Ort lädt auch zum Verweilen ein.

Die riesigen, 20 bis 30 Millionen alten Sandsteinblöcke sollte man genauer betrachten. Die Anlage von Avebury ist erheblich größer als die von Stonehenge. Allerdings stehen von ursprünglich 600 Steinen nur noch 26. Wie das passieren konnte? Für mehr Ackerland und Baumaterial haben Bauern und Grundbesitzer gemeinsam den größten Teil der Avebury-Anlage zerstört. Erst lange nach 1724 fand der Vandalismus ein Ende. Dieser ging so weit, daß sich Besucher der Avebury-

Anlage beim ortseigenen Schmied einen Hammer und einen Meisel leihen konnten, um sich Andenken selber abzuschlagen.

Die Rettung vor der fast vollständigen Zerstörung verdankt das Bauwerk Alexander Keilers, der als Eigentümer jahrelang Ausgrabungen, Markierungen und Restaurierungen durchführen ließ, bis der westliche Bereich des Kreises in recht gutem Zustand war.

1942 kam der National Trust in Besitz der Anlage, und das Bauministerium wurde zu ihrem Schutzherr. Wenn man heute Avebury besucht, sieht man, was für eine wertvolle Arbeit geleistet wurde.

Auf meiner Wanderung, in der ich auch in Avebury vorbeikam, spürte ich die Anwesenheit von etwas ungeheurem Alten, das etwas irgendwo am Grunde der Seele Verborgenes angesprochen hat. Irgend etwas zog mich zwischen den Steinen unwiderstehlich in den Bann.

Etwa in der Mitte des Mondkreises befindet sich ein Paar sehr hoher, dicht zusammenstehender Steine und möglicherweise ein dritter, der inzwischen verschwunden ist. Diese eindrucksvolle Steingruppe wird »The Cove« genannt.

Bei einer Meditation zwischen diesen Steinen stiegen bei mir Vorstellungen und Bilder auf, wie die Menschen hier wohl gelebt haben, welche Riten hier vollzogen wurden. Man hält inne vor dem ungeheuren Alter dieser Steine, es verschlägt einem direkt den Atem. Aber auch ein Gefühl der Befriedigung breitet sich aus, dass etwas vom Menschen Geschaffenes diese lange Zeit überdauert hat.

Es scheint eine Verbindung zwischen Avebury und Stonehenge zu geben. Denn es ist als erwiesen anzusehen, dass eine alte Straße diese beiden Kultstätten verbindet. Als Kraftlinie scheint sie voller Energie zu sein. Auch heute ist noch festzustellen, dass der Raum zwischen den Kreisen der Sonne und des Mondes ein Ort intensiver Kraft, besonders für Heilungen, ist.

Avebury - Ein magischer Ort?

Steine und Steinkreise stellen Fenster in eine ferne Vergangenheit dar, die wir heute nicht mehr erfassen können. Dabei gilt der Kreis als der typische magische Ort. In ihm schützen sich gestern und heute Zauberer vor den Geistern, und auch in Hexenritualen spielt der Schutzkreis eine wesentliche Rolle. Der Kreis reflektiert das Vollkommene und ist infolgedessen die prädestinierte Wohnstätte der Götter.

In Avebury vereinigen sich die Mary- und die Michael-Linie, laufen dort etwa 200 Meter auf einer gemeinsamen Linie, um sich dann wieder zu trennen. Diese gemeinsame Linie läuft genau durch den zuvor beschriebenen Mittelpunkt in der Kultstätte der Sonne, Richtung etwa Nord-Süd.

Die Vereinigung der beiden Linien geschieht nicht irgendwo, sondern genau in The Cove. Diese Bucht besteht – wie schon gesagt – aus zwei gewaltigen Megalithen, hoch, breit, massig, und sie stehen so, dass sie der vereinigten Linie von Michael und Mary eine ganz bestimmte Linie aufzwingen, zum Mittelpunkt der Gesamtanlage.

Den Mittelpunkt der Anlage bildet eine kleine Kapelle. Leider ist sie heute verschlossen. Doch merkt man auch draußen, dass dieser Ort ein sehr kräftiger Ort ist, die Energie macht einen schwindelig. Weiter läuft die Linie in den südlichen Kreis, um sich beim Obelisk wieder zu treffen. Bei einer Meditation kann ich diesen Treffpunkt feststellen. Ich gehe noch einmal zurück zur Cove, die vor Besuchern abgesperrt ist (was weiß ich, wo der Grund liegt, ich glaube nicht, daß die Steine vielleicht umstürzen könnten). Ich unterklettere die Absperrung und stelle mich zur Meditation zwischen die beiden Megalithen.

Ein junges Paar durchschreitet gemeinsam den Punkt, in dem ich jetzt stehe und sie gehen dann zusammen auf der Michael- und Mary-Linie entlang, um schließlich hinter den Obelisken, wo ihnen noch ein Segen mitgegeben wird, ihre verschiedenen Tätigkeiten für das gemeinsame Leben symbolisch wiederaufzunehmen.

Doch meine freien Gedanken bleiben nicht hier in Avebury, sie wandern weiter zum Sanctuary. Dieser Tempel der Muttergöttin wurde von Anfang an als Lebensquelle für den großen Kreis angesehen. Er liegt auf einer Anhöhe, die Teil eines weiten Kalkhanges ist, des Ridgeway.

Das Sanctuary liegt etwa ost-südöstlich von der Mitte der Avebury-Anlage entfernt. Heute sind Markierungspfähle aus Beton in seine Pfahl- oder Steinlöcher eingelassen. Doch obwohl heute nicht mehr viel von dem Kreis zu sehen ist, spürt man seine Energie und den Verlauf der beiden Energieschlangen.

In den frühen Morgenstunden haben sich hier Priesterinnen und Priester versammelt, um sich dann auf den Weg zu machen. Man schreitet zusammen in stiller Prozession die Avenue hinauf zum Steinkreis.

Wenn die Sonne im Zenith über dem Peilstein auf dem Silbury Hill steht, erreichen sie die heiligen Kreise von Avebury, und die Feierlichkeiten zum Mittsommerfest können beginnen.

In unserer Zeit möchte man zumindest diese Steine berühren, um etwas von ihrer Energie mit nach Hause zu nehmen – ohne allerdings zu wissen, welche Kräfte man da auf sich überträgt.

Ein wichtiges Merkmal der Magie dieses Steinkreises ist es, wie leicht man dort Vorstellungen von längst vergangenen Welten zum Leben erwecken kann. Dort werden Reaktionen freigesetzt aus einem sehr, sehr alten Seelengrund.

Ich finde mich wieder, wie ich auf dem Devils Chair sitze, dem größten Megalithen von Avebury. Die Sonne scheint wunderschön, und ich habe es mir hier auf diesem Platz bequem gemacht. Genießerisch verschließe ich die Augen, und fast spielerisch fange ich mit der Entspannungsübung an.

Die warmen Sonnenstrahlen spüre ich auf meinem Gesicht. Alles Alltägliche lasse ich innerlich los und gleite in die Gedankenstille. Wie herbeigerufen läuft ein Film ab mit herrlich leuchtenden Farben.

Ich bin weit, weit weg von hier. An einem Ort, den keine Landkarte kennt. Ein weites Land mit Feldern, Wiesen und Wäldern, duftenden Blumen. Dort, wo die Sonne warm und angenehm noch den Erdboden erreicht. In diesem Land sind noch Elfen, Feen und Zauberer zu Hause. Ich merke, wie die Magie aus dem Boden strömt. Sie ruft die Seelen dieser Welt zusammen, sich zu versammeln hier in diesem magischen Ort.

Eine Stimme ruft: »Öffne dein Herz, lasse dich umspielen, mach dich bereit, Licht und Wärme zu empfangen.« Das goldene Licht umspielt mich, trägt mich, wie auf einem weichen Strom. Stärke und Kraft sind weich und leicht, langsam werde ich zu einem Teil dieses Energiefeldes und lasse mich ein in seine leichten Wellen, kann seine sanften Bewegungen spüren. Seinen leichten Rhythmus, der gleichmäßig und eben sich langsam vorwärtsbewegt.

Jetzt bin ich alles und nichts, bin überall und nirgends, und lasse alles durch mich hindurch. Ich kann die Kraft der Energie spüren, sie fließt sanft und frei durch meinen Körper.

Ganz unvermittelt finde ich mich wieder hier in der Gegenwart, 1999, in diesem Steinkreis, in Devils Chair und lehne mich mit meinem Rücken an meinen Stein. Noch etwas benommen warte ich, bis ich wieder richtig angekommen bin.

Und nach der Rückkehrübung öffne ich meine Augen. Was war geschehen? Hatte dieser Felsen Kontakt zu den archetypischen Energien dieses Ortes? Nichtsdestoweniger, ich fühle mich erholt und erfrischt. Und während ich mich nun räkle und strecke spüre ich diese sanfte Energie, die mich wohlig durchzieht. Ich werde nicht erforschen, wo es herkommt. Aus Achtung vor diesem Platze lasse ich etwas Salbei dort und verabschiede mich für heute.

Dome, Kirchen und Kapellen

Die Erdenergien eines Ortes werden in den Mythologien weltweit als Drachenkräfte versinnbildlicht. Dabei werden die Schlange und der Drache in der mythologischen Bilderwelt als Lebenskraft verstanden, die fixiert werden muss.

In Großbritannien hat die christliche Kirche diesen Mythos von der Tötung der Schlange mit der Figur Georgs verknüpft, der ähnlich wie der heilige Michael Drachenbezwinger auf vielen Abbildungen, besonders auf den Kirchenfenstern, zu sehen ist.

Dabei verkörpert St. Georg den mythologischen Sonnenhelden, der den Drachen, also die Erdenergien, mit einer Sonnenlanze an einen bestimmten Punkt bannt. So können die Erdenergien für den Menschen nutzbringend eingesetzt werden, indem man sie an einem Ort zur Entfaltung kommen lässt. Fachleute gehen davon aus, dass die Darstellungen der Drachenbezwinger Georg und Michael in Kirchen immer auf ältere Kraftorten, meist auch Grabhügel, verweisen.

Der heilige Georg, also der Drachentöter, wird in England alljährlich am 23. April gefeiert. Dieser »St. George Day« wird heute noch mit vielen roten Rosen in vielen Gasthäusern begangen. Dass es hierbei eigentlich um die Nutzung der Erdkräfte zum Wohle der Menschen geht, ist wohl nur wenigen bewusst.

Kult- und Orakelstätten waren ein Ort außergewöhnlicher Energien und damit ein Verbindungspunkt zwischen den irdischen und dem himmlischen, göttlich übergeordneten Prinzip. Unklar ist, inwieweit sich die heutigen Kirchenoberen darüber im klaren sind, welche Kräfte in ihren Kirchen wirken beziehungsweise welche Kräfte sie in den neueren, nach rein pragmatischen Gesichtspunkten gebauten Gotteshäusern verloren haben.

Gerade Wallfahrtsorte gelten aber auch heute noch als besonders markant ausstrahlende Plätze, eben Orte der Kraft oder Orte des Lichtes. Eine der meist untersuchtesten Kraftorte dieser Art ist die Kathedrale von Chartres. Sie ist ein geomantisches Meisterwerk mit vielen okkulten und astronomischen Feinheiten.

Dass viele Kirchen in Wahrheit echte Kraftplätze sind, an denen subtile Kräfte wirken, beziehungsweise dass diese bewusst kanalisiert und benutzt wurden, dies ist kein Thema, worüber man heute diskutieren muss.

Wenn wir offen sind für neue Erfahrungen, gelingt es uns, die langsam mehr und mehr verwaisenden heiligen Stätten wieder mit neuem Leben zu erfüllen. Auch heutigen Priestern und Pfarrern wäre es zu wünschen, dass sie wieder sensibilisiert werden für die Energien, die Erde und Kosmos uns laufend schenken.

Die Baumeister alter Kirchen waren meistens auch geistige Meister und standen in Verbindung mit esoterischen Geheimorten, die altes Wissen bewahrt hatten. (*Zur Begriffserklärung: Ein Archetyp ist im wesentlichen eine Erinnerung, die weiterbesteht, nachdem das Individuum oder die Gruppe, die sie hervorgebracht hat, nicht mehr existiert. Durch visuelle Vorstellungskraft und gelenkte Willensenergie, können sie wieder wachgerufen werden.*)

Wenn ich heute in eine alte Kirche gehe, spüre ich eine ganz andere Stimmung als in den modernen Gotteshäusern. Diese alten Kirchen haben einfach eine andere Ausstrahlung im wörtlichsten Sinne.

Wichtiges Merkmal für einen Kraftort ist eine mehrfache Kreuzung verschiedenster Kraftlinien und unterirdischer Wasserläufe. Ihre negative Strahlung wird dabei durch entsprechend polarisierte Fußböden und durch andere Maßnahmen beseitigt.

Manchmal finden wir Quellen an oder unter dem Altar, aber häufig noch sogenannte blinde Quellen, die den positiven Strahlungseffekt noch verstärken. Blinde Quellen sind Wasserläufe, die in die Höhe streben, aber nicht ganz die Oberfläche erreichen.

Wenn man heute in England alte Klöster besucht, findet man oft nur noch Ruinen vor, die meist von einer Parkanlage umrahmt sind. Denn von 1536 bis 1540 ließ König Heinrich VIII. während seiner Auseinandersetzung mit dem Papst in Rom diese englischen Klöster auflösen und zerstören. Damit begann aber auch die Auflösung allen kirchlichen Besitzes und die Verfolgung von Mönchen und Priestern.

Man schaut sich ein unlebendiges Bauwerk an, das äußerlich und im Inneren weitgehend seinen mächtigen und ursprünglichen Bildern beraubt ist. Und dennoch strahlen einige wenige Kathedralen immer noch eine magisch-mystische Atmosphäre aus. Als Beispiel für so ein Bauwerk ist die Kathedrale von Wells oder Salisbury zu nennen, von denen auch weiterhin eine ungebrochene Kraft ausgeht.

Die Kathedrale von Wells

Das Erfreulichste im Leben ist ganz zweifellos, das Erfreuliche, das einen überrumpelt. Obschon ich bei meiner Ankunft in Wells überhaupt nur infolge eines leichtfertigen Mangels an Kenntnissen hatte überrumpelt werden können. Ich wusste ganz allgemein, dass diese alte, kleine Stadt eine große Kathedrale vorzuweisen hatte, doch ich war weit davon entfernt, die Identität des Eindruckes zu ahnen, der mich erwartete.

Das ungeheuer Beherrschende der beiden Türme, während man sie beim Herankommen über den zu ihren Füßen zusammengedrängten Häusern sieht, vermittelt einem in der Tat eine Andeutung ihres Charakters. Dazu kommt die ungeheure Kraft und Energie, die dafür Sensibilisierte, schon weit, weit vor der Kathedrale zu spüren bekommen.

Wells....ist eigentlich nicht eine Stadt mit einer Kathedrale als Mittelpunkt. Sondern eine Kathedrale, zu deren Füssen sich die Häuser eines Städtchens scharen. Man fühlt überall die Gegenwart der schönen Kirche. (Henry James)

Ich habe noch nie eine Kirche betreten, die solch ein Kraftort war! Einzigartig, nur POWER. In jeder Ecke! Schon auf dem Weg dorthin war diese Energie zu spüren. Der Weg vom Eingang der Kathedrale bis zum Hochalter, der Mittelgang reinste Power-Energie. Links der hängende Heiland – Power hoch drei!

Noch nie habe ich bei einer Meditation in den Händen eine solche Energiekugel gespürt wie hier in der Kathedrale von Wells. Phantastisch, aber auch wahnsinnig kräftezehrend.

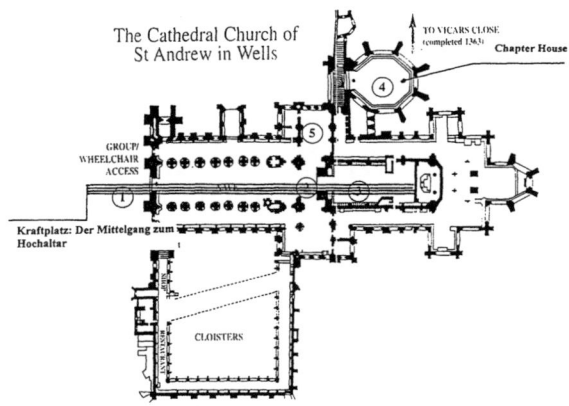

Die Kathedrale von Wells

Falls Sie Glastonbury besuchen, sollten sie unbedingt einen Abstecher nach Wells machen, das etwa 30 Kilometer südlich von Bath in Somerset liegt. Der Name dieser Stadt ist wahrscheinlich auf die heiligen Quellen zurückzuführen, die hier entsprungen sind.

Und die Vermutung liegt nahe, dass die mächtige Kathedrale von Wells mit Absicht an der Stelle eines heidnischen Heiligtums errichtet wurde, um den Sieg des christlichen Glaubens über das Heidentum eindrucksvoll zu demonstrieren.

Zu den interessanten Besonderheiten dieser Kathedrale zählt ihre imposante Westfassade aus grauem Sandstein, von der 297 lebensgroße, im 18. Jahrhundert geschaffene Figuren, auf den Besucher herabschauen.

Als beliebte geometrische Figur tritt in dieser Kathedrale das Achteck auf. Es verkörpert den Übergang vom Quadrat zum Kreis und wurde deswegen häufig für Kuppelkonstruktionen verwendet. Aber nicht nur aus architektonischen Überlegungen erhielt die Acht im christlichen Sakralbau den Vorzug. Seit babylonischer Zeit gilt diese Zahl als Symbol für den Wohnort Gottes und des Paradieses.

Dass in Wells unter anderem die Marienkapelle einen achteckigen Grundriss aufweist, mag wohl auf den achtfachen Stern zurückzuführen sein, den wir in den frühchristlichen Darstellungen Marias finden. Auf mich macht das nach Westen hin offene unregelmäßige Achteck den Eindruck des weiblichen Uterus, des Ursprungs allen menschlichen Lebens.

Doch die Acht ist noch mehr! Sie versinnbildlicht die Vereinigung zweier Welten: Die materielle Welt mit ihren vier Elementen (symbolisiert durch das Quadrat als Ursymbol der Erde) verbindet sich mit der entsprechenden geistigen Welt als Erhöhung dieser materiellen Welt.

Noch heute wirkt die regelmäßige und harmonische achteckige Form des Chapter House in höchstem Maße harmonisierend. Es lädt mit seinen Stützpfeilern in der Mitte zur Meditation auf innere und äußere Harmonie ein. Für mich ist es der kraftvollste Ort der Kathedrale, der, weil etwas abseits gelegen, nicht in dem Maße besucht wird, wie die übrige Kirche.

Die Acht ist aber auch das Symbol des Neuanfangs. Denn nach den sieben Tagen der Schöpfung beginnt mit dem achten Tag eine neue Welt, genauso wie hinter den sieben klassischen Planeten (die mit dem bloßen Augen zu sehen sind) eine neue Hemisphäre liegt. Diese Harmonie und Ruhe der Acht ist deutlich im Chapter House der Kathedrale zu spüren, das einen in eine andere und harmonischere Welt aufnimmt.

Winchester Kathedrale

Die 30 000 Einwohner zählende Hauptstadt der Grafschaft Hampshire blickt auf eine lange und bedeutende Geschichte zurück. Neben dem angenehmen, atmosphärisch dichten Gesamteindruck dieser Kleinstadt ist die Kathedrale die herausragende Sehenswürdigkeit. Meine Wanderung zu Orten des Lichtes und der Kraft führte mich auch zu dieser Kathedrale in Winchester, einem Gotteshaus seit 900 Jahren.

Ich betrat die Kirche wie auch alle anderen Besucher durch den Haupteingang. Vorne links gleich traf mich eine Welle der Erschütterung und Energie bis in die Haarspitzen. Zu spüren war sie nicht so wie in der Kathedrale von Wells, aber sie war genauso kräftig, vielleicht noch größer!

Ich ging meditierend weiter. Direkt unter der Scheitellinie eine Kraftquelle. Überwältigend. Auf der Klosterseite neue Energieschübe. Die Chormusik und die Kraft drangen über mein drittes Auge in mich hinein. Orangenes Licht mit türkisen Streifen!

In der Ladies Chapel fand ich einen starken Energiepunkt unter der Rosette an der Decke. Stelle mich drunter. Mir wird schwindlig. Es ist einfach zu viel Energie da! Sie kommt von oben und von unten. Mir wird zum ersten Mal bewusst, wie die Konstruktion solch einer Kirche, also die aufliegenden Querrippen, die Energie auffangen und in den Raum zurückgeben.

Und dann zum stärksten Energiepunkt, dem alten Altar. Stelle mich auf das golden Kreuz am Boden. Dort entsteht ein gewaltiger Energieschub. Bekomme irgendwie Beklemmungen. Der Druck im Kopf und am Herz-Chakra wird immer größer. Ich glaube mir lastet ein felsenschwerer Stein auf meinem Kopf. Ich muss hier raus. Unbedingt hier raus. Wie, warum, was … Fragen über Fragen. Ich muss nur hier raus! Draußen vor der Kathedrale Ruhe. Ruhe und Entspannung.

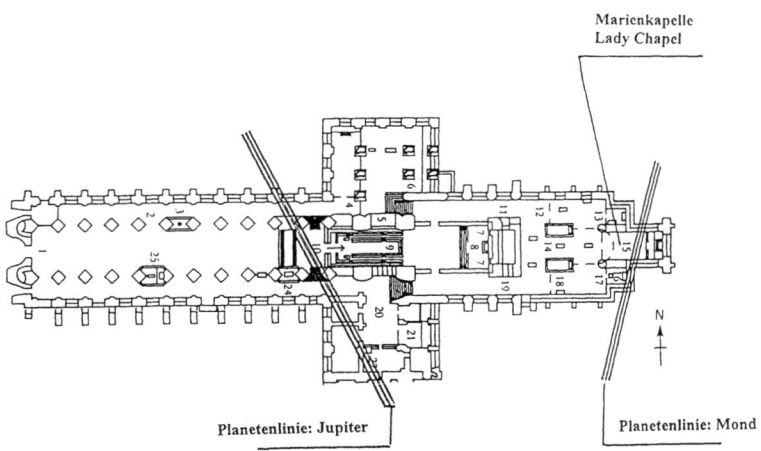

Winchester Kathedrale

Westlich der Kathedrale finde ich eine wahnsinnig schöne Buche. Schon beim Näherkommen fühle ich ihre Kraft und ihren Frieden, den sie ausstrahlt. Ich lehne mich an dem Stamm und ein tiefes Gefühl der Ruhe und Verbundenheit entsteht – Geborgenheit.

Ich versuche ein wenig zu meditieren und spüre plötzlich den Lebenssaft im Baum pulsieren wie er auf und ab fließt – in ihm, zwischen ihm und mir! Nach einigen Minuten löse ich mich von diesem wunderschönen Baum. Ein starkes Erlebnis. Hier habe ich mich sehr mit der Natur verbunden gefühlt.

Noch einen flüchtigen Blick zurück zu diesem schönen Ort des Lichtes, und der Weg führt weiter zur »Great Hall«, wo der Tisch von Artus' Tafelrunde ausgestellt ist. Niemand weiß, aus welcher Zeit der Roundtable datiert. Sicher dagegen ist, dass er nicht aus der Ära des legendären Königs sein kann. Trotzdem ist die Anlage von Great Hall eindrucksvoll, wie aus der Tutorrose der Ausdruck richterlicher Kraft und Ordnung abstrahlt. Ich weiß, dass der Tisch der Artus-Tafelrunde nur eine Nachbildung ist, trotzdem spüre ich im ganzen Raum, die Energie, die der Tisch heute noch ausstrahlt - sie ist männlich!

Draußen ein kleiner Garten von der Sonne beschienen. Steinbänke laden zum Verweilen ein. Ein friedlicher Ort, geeignet zum Meditieren und seinen Gedanken freien Lauf zu lassen.

Licht, Energie,
Spannung, Ruhe –
Ich gehe durch feuchtes Gras
Gedanken wandern vom Jetzt zum Morgen,
Von der Vergangenheit in die Zukunft!
Komm, laß mich den Wind spüren,
Den Tau probieren,
Und in der Unendlichkeit des Weltalls versinken.
Ich bin Wanderer durch Zeit und Raum.
Unendliche Wege schließen sich
Zu einem Ganzen.
Ich lasse mich fallen, fühlen, tief
Und bin glücklich!

Die Kathedrale von Salisbury

»Wenn man unterwegs ist, geschieht so manches: Den Elementen ausgesetzt, mit dem Gefühl von Höhe und Freiheit, durch die verstärkte Sauerstoffzufuhr und die Auswirkungen der körperlichen Anstrengung, die Umgebung mystisch-magisch eingefärbt, erlebt man ein Gefühl von Erhabenheit und Freude, von Ruhe, aber auch von Anspannung. Man fühlt das Knistern der Energie in der Luft. Zeigt sich dann noch ein Regenbogen, ist die Wirkung einfach umwerfend!«

Eine der Gründe, sich auf solch eine Wanderung, auf einen spirituellen Weg zu den Orten des Lichtes zu begeben, auf jene seltsame Reise in das Selbst und in die Welt hinein, ist die Suche nach Wahrheit – der Wahrheit über mich selbst und das Leben schlechthin. Es handelt sich um eine grundsätzliche Suche nach Aufklärung. Warum, weshalb und weswegen?

Hatten die beiden Kathedralen-Städte Wells und Winchester in ihren engen Straßen und zwischen den alten Fassaden schon eine Atmosphäre von Magie und Mystik und viel Flair, so erlebt der Besucher in Salisbury eine weitere Steigerung. Ungebremst wogt das Leben zwischen den alten Häuserzeilen, so dass es eine Freude ist, durch diese Stadt zu spazieren.

Selbst in der prachtvollen Kathedrale und um sie herum geht es nicht museal-still, sondern springlebendig zu. Daran hat ganz ohne Zweifel auch die prachtvolle Kirchenarchitektur auch erhebliche Anteile. Denn Salisbury Kathedrale wirkt mit dem hohen Turmhelm leicht und luftig und damit fast heiter.

Die Ursprünge der Stadt liegen drei Kilometer außerhalb in Old Sarum, einem eiszeitlichem Hügel-Fort von etwa 1,5 Kilometer Durchmesser. Die Kathedrale von Old Sarum hatte man an einem unvorteilhaften Platz erbaut. Hier war es feucht, kalt und zugig. Und einige Mönche meinten sogar, dass böse Geister umgingen.

Um den Standort für die heutige Kathedrale zu finden, musste ein Bogenschütze einen Pfeil von Old Sarum aus abschießen; die Stelle, wo der Pfeil zu Boden fiel, war als Baugrund ausgekoren. Das Geschoss aber traf ein Reh, das sich glücklicherweise noch auf ein Stück kirchlichen Grundbesitzes schleppen konnte, um dort zusammenzubrechen. So fand die neue Kathedrale ihren jetzigen Platz.

Es gibt noch andere Versionen der Geschichte von der Verlegung des Gotteshauses, jedenfalls wurde im 13. Jahrhundert der Grundstein für eine rein frühgotische Kathedrale gelegt, um die, wie auf dem Reißbrett beplant, Neu Sarum, also das heutige Salisbury entstand.

Mein Weg führt mich durch die High Street Gate, die High Street entlang zur Kathedrale hin. Schon von weitem wirkt das Gotteshaus auf einen. Doch so stark wie die Kraft von Wells und von Winchester kann man die Energie in Salisbury nicht spüren.

Im Inneren beeindruckt die Kathedrale durch ihre Helligkeit. Doch der wohl eindrucksvollste und energiereichste Ort in dieser Kathedrale sind die beiden libyschen Zedern im Innenhof des Kreisganges. Mit dem Holz dieser Zedernart wurde der Tempel in Jerusalem erbaut!

Schade, dass ich mich nicht unter den Baum setzen konnte, denn der Zugang war Besuchern verwehrt. Trotzdem versuchte ich durch Meditation mit dem Baum Kontakt aufzunehmen. Leider kann ich mich nicht so wie in Glastonbury in den Baum setzen.

Ein Versuch ist es aber wert: Ich schließe die Augen und lasse mich in den Stamm sinken. Zarte Gefühle tauchen in mir auf. Der Baum breitet seinen wie eine Hand aussehenden Ast aus, ich steige darauf, und er nimmt mich in seine Arme. Mein Kopf lehnt an seinem Körper, und ich fühle mich wohl und geborgen. Immer tiefer lasse ich mich in dieses Gefühl fallen. Am liebsten möchte ich gar nicht mehr hier weg. Schade, ich muss die Meditation abbrechen.

Ich bedanke mich bei den beiden libyschen Zedern und verlasse die Kathedrale von Salisbury.

Heilige Orte – Orte der Kraft

Im Jahre 1018 wurde der Grundstein für das Kloster Buckfast Abbey gelegt, eineinhalb Jahrhunderte später – 1147 – übernahmen die Zisterzienser diese Anlage, bauten sie neu und erweiterten den Komplex. 1882 kamen erneut gläubige Brüder nach Backfest und bauten die Abtei weitgehend im Stil des 16. Jahrhunderts wieder auf.

Berühmt im ganzen Land ist die Abtei für seine Entwürfe und die Produktion von Buntglasfenstern, den Honig und seinen Likör. Doch die Buckfast-Abtei kann noch mehr bieten: Die Kirche beinhaltet viel Energie, aber nicht zu vergleiche mit der Kathedrale von Wales oder Winchester.

Der kräftigste Punkt ist der viereckige Platz (der Turm) vor dem Hochaltar. Hier ist es sogar möglich, die Energiesäule zu sehen. Sehr kräftig ist auch der im rechten Gang stehende gekreuzigte Christus (aus Holz). Bei einer Meditation vor diesem Abbild war alles in pulsierendes orangenes Licht getaucht – viel, viel Kraft, angenehme Kraft.

Ein Besuch wert ist auch die Kirche von St. Mary The Virgin in Holne. Diese kleine, sehr, sehr starke Kirche hat auch eine Lady Chapel. Im Kirchengarten habe ich eine sehr alte (runde 500 Jahre) begehbare Eibe mit einer Zeitnische festgestellt. Dieser Punkt ist sehr, sehr kräftig.

Ganz in der Nähe zwischen zwei Bäumen befindet sich ein Zugang zur Anderswelt, der auch von Menschen genutzt werden kann.

Wer diesen Ort und dieses kleine Kirchlein mit allem Drumherum besucht, fühlt sich anschließend erholt und erfrischt. Man spürt die neue und sanfte Energie, die einen wohlig durchzieht. Man wird von einem goldenen Licht durchflutet, was einem Liebe, Frieden und Geborgenheit schenkt. Ein Ort, den man immer wieder besuchen kann.

Besuchenswert ist auch die kleine Kirche des Städtchen St. Neot. Das kleine Städtchen beinhaltet ein wirklich interessantes Kirchlein und eine heilige Quelle, die aber wohl schon lange versiegt sein muß. Was die Kirche so interessant macht, ist die St.-Michaels-Linie, die dieses Kirchlein direkt durchläuft. Die Linie tritt in die Kirche im südwestlichen Ende ein und verläßt es am nordöstlichen Ende.

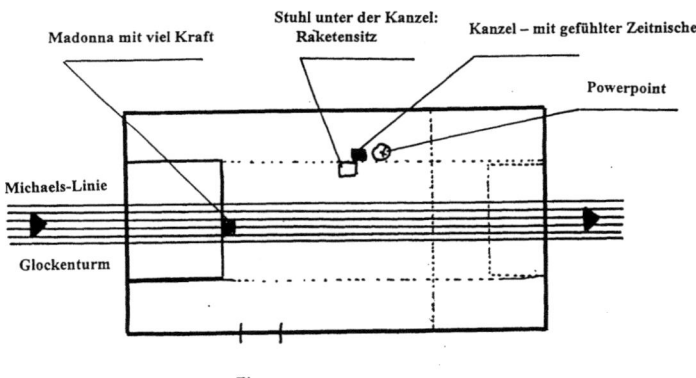

Die Kirche von St. Neot

Das Besondere an diesem Ort ist, daß diese Kirche viele, viele wunderschöne Punkte beinhaltet, beispielsweise gibt es die Kanzel, die eine Zeitnische sein muß; einen Stuhl als Kraftpunkt, auf dem, wenn man sich draufsetzt, das Gefühl hat, man würde auf einem Raketensitz sitzen sowie die Madonna, die gleich in der Nähe des Eingangs steht auf der St.-Michaels-Linie und dort auch eine angenehme Kraft verbreitet.

Für eine kleine Meditation setze ich mich in die Nähe der Kanzel, wo ich eine Zeitnische entdeckt haben muß. Ich atme einmal ganz tief ein und wieder aus. Eine tiefe innere Ruhe umgibt mich. Ich fühle mich frei und sicher. Es ist gut hier zu sitzen und einfach zu entspannen. Ich fühle mich innerlich ruhig, warm und entspannt. Ganz so, wie es mir auch in den anderen Zeitnischen gegangen ist. Ich kann meine Stärke spüren. Meine Kräfte fließen sanft und frei durch meinen Körper. Ich vertraue auf meine Kraft, die mich leitet.

Die unerschöpfliche Energiequelle in meinem Inneren wächst und gedeiht. Sie wird durch die Kraft und Energie der Zeitnische gefördert. Die Energie wächst in mir, sie fordert mich auf, sie freizulassen. Ich lasse ihr freien Lauf und verbinde sie mit dem Wissen um meine innere Stärke und Macht.

Dabei fühle ich mich wie ein Vogel, fliege über Berge, Täler, Wiesen, Flüsse. Herrlich, wie die Luft zwischen meinen Federn zischt. Der Himmel über mir ist blau. Die Sonne scheint angenehm warm. Was für ein Tag. Ich spüre die unendliche Kraft in mir. Die Luft ist klar. Ich lasse mir den Wind um die Nase wehen, atme tief durch und spüre, wie die Energie durch meinen Körper fließt.

Langsam und gemächlich mache ich mich wieder bereit, aus meinen Tiefen emporzusteigen, langsam wieder aufzutauchen. Schritt für Schritt schreite ich die Treppe nach oben, gehe langsam und ruhig meinem Wachbewußtsein entgegen. Ich bin wieder da. Atme noch ein paarmal tief ein und aus und fühle, dieser Ort bietet Einzigartiges.

Weiter auf dem Weg

Menschliche Schicksale hinterlassen Spuren im energetischen Gitter. Eine faszinierende Vorstellung, die bei genauerem Hinsehen aber auch gar nicht so unmöglich erscheint. Ist es Ihnen nicht auch schon mal so ergangen, dass sie in einem alten Haus oder in einer Kathedrale oder an einem anderen Punkt, den sie besuchten, aus unerfindlichen Gründen sich unwohl fühlten?

Speziell in alten Schlössern können empfängliche Menschen oft noch emotionale Spuren früherer Taten wahrnehmen. Auch Kirchenbauten können eine höchst unterschiedliche Ausstrahlung haben. Nur in wenigen Fällen kann dies direkt auf die Geometrie des Kirchenbaus zurückgeführt werden. Ansonsten dürfte es sich eher über Generationen angesammelte menschliche Emotionen handeln.

Wenn Sie also das nächste Mal ein historisches Gebäude besuchen, machen Sie sich bewusst, dass Sie auf geschichtsträchtigem Boden stehen und dass Sie von unsichtbaren Spuren der Menschen umgeben sind, die dort gelebt, geliebt oder gelitten haben.

Horchen Sie also bei aller Gelegenheit einfach einmal in sich hinein. Was fühlen Sie? Kommen Ihnen spontan irgendwelche Gedanken oder Bilder in den Sinn?

Natürlich wird nicht jeder sofort solche Fähigkeiten besitzen. Wir sollten uns aber zugestehen, dass jeder von uns ein eigenes Entwicklungstempo hat und dass nur die behutsame Ausbildung unserer inneren Sinne, unsere persönliche Sensibilität, uns eines Tages in die Lage versetzen wird, all das verlorengegangene Geheimwissen, all die Mystik und Magie, all die Energie der Erde wieder zugänglich zu machen, für uns wieder zugänglich zu machen, damit wir zum Wohle der Erde und der Menschheit sie anwenden können. Dass es dazu nicht nur großer Kirchen, sondern auch kleiner Energiepunkte bedarf, habe ich auf meiner Wanderung feststellen können.

Die immergrüne Eibe hat einen Lebenszyklus von mehreren tausend Jahren. Die genaue Lebensdauer ist unbekannt. Sie ist nicht sehr hoch, sondern eher dick und knorrig und besitzt ein hartes und schweres Holz. In Eibenwäldern kann man die Wachstumskurve unserer Welt klar beobachten.

Ohne Zweifel repräsentiert die Eibe das heilige Mysterium. Eiben wurden systematisch um die Orte gepflanzt, auf Quellen und Brunnen, die heilige Wahrheiten bargen. Vielleicht aber nicht nur, weil diese Bäume selbst etwas Heiliges darstellen, sondern auch, um ihre Anhänger zu beeindrucken.

Eine der eindrucksvollsten Eibenpflanzungen in Großbritannien und mit Sicherheit druidischen Ursprunges ist »Great Yews« in der Nähe von Salisbury. Lange Alleen treffen sich in einem runden, offenen Raum, der eine wundervolle Kulisse für einen Kreistanz oder vielleicht auch andere Feierlichkeiten abgibt.

Versteinerte Eibenwurzeln wurden im Garten und in der Nachbarschaft von Chalice Well in Glastonbury gefunden.
Shakespeare spricht in seinen Dramen von der »doppelt tödlichen Eibe« und von »Eibensplittern in der Mondfinsternis«. Die Eibe ist stets unheimlich!

Nicht weit entfernt von Salisbury, im kleinen Ort Wilton, findet man die im lombardischen Stil von der russischen Comtesse of Cambruck im Jahre 1845 erbaute St. Mary und St. Nicholas Church. Von außen eher unscheinbar und von der Größe her gar kein Vergleich zu den Kathedralen von Salisbury, Wells und Winchester bietet diese Kirche einen Kraftpunkt ähnlich wie die Kathedrale von Wells.

»Ich betrete die Kirche und spüre die Energie, lasse mich von ihr einfangen, mich von ihr durchströmen. Sie dringt durch mein Scheitel-Cakra in mich hinein, gleitet durch mich hindurch, verbreitet in mir Wärme, Ruhe und Geborgenheit – eine weibliche Ruhe. Den Austritt der Energie spüre ich an meinen Hand-Cakren. Führe ich die Hände näher zusammen, bildet sich ein starker warmer Energieball – weibliche Energie. Sollte die St.-Mary-Linie durch diese Kirche gehen? Das Pendel sagt ja! Ich setze mich still auf eine der Kirchenbänke und bin innerlich tief berührt. Dies war ein sehr schöner Tag.

Beim Verlassen der kleinen Kirche finde ich den stärksten Punkt. Er liegt vorne im Mittelteil der Scheitellinie über einem Loch, das mit einem Gitter verschlossen ist. Hier strömt die Energie von oben und von unten – weibliche Energie. Warum ist dieser Punkt verschlossen?

Der Kreis schließt sich

Steinkreise, Steinreihen, Kathedralen, kleine Kirchen, Eibenhaine, Zeitnischen … Es gibt viele Orte des Lichtes und der Kraft auf der Welt, man muß sie nur finden und öffnen können. Die Kraft der Natur ist tief in uns. Wo es gelingt, sie wieder ins Bewußtsein zu rufen, dort lösen sich Blockaden, die uns von unserer Lebenskraft abschneiden. Dort beginnt Heilung.

Die Orte haben begonnen, einige ihrer Geheimnisse zu enthüllen. Und auch heute ist es wieder möglich – wenn man den richtigen Zauberspruch kennt – die Nebel von Avalon zu lüften. Aber dies ist ein erster bescheidener Anfang.

Lange vergraben, sind jetzt die Zeitalter gekommen, wo die Energien und die Magie wieder benötigt werden. Wie steht's? Wird das Rad der Zeit weiterlaufen. Dann wird die Hoffnung, die ich übertragen habe, vonnöten sein. Und die kommenden Kinder werden gefordert sein, sie bereitzustellen. Bewahret diese Hoffnung gut auf für die kommende Welt.

Wir, die wir in diesen Zeiten leben, stehen wahrhaftig an einem Tor und können aber nicht mehr sicher sein, wohin der Fluß des Lebens fließen wird. In Stonehenge gab es ein durchdringendes Gefühl für diesen Strom des Lebens, der von dem jüngsten Tag an bis zur Gegenwart und in die Zukunft verläuft. Beim Wandern war ich nicht unbeteiligter Beobachter der Landschaft, sondern ein integraler Teil von ihr. Mir wurde aufgezeigt, was war, was ist und was vielleicht sein wird.

Ändern können wir vieles oder gar nichts. Wir müssen etwas tun. Und nur so ist die Erde noch zu retten. Wir müssen uns auf den alten Weg berufen und wieder auf unsere inneren Kräfte hören.

Meine Reise begann an einem Tor, einem natürlichen Eingang, gebildet von zwei Bäumen. Meine Reise endet an einem Tor, dem langen Weg zur Mitte des Herzens. Der Kreislauf der Sonne beginnt von neuem. Das Verlorene findet den Weg zurück in den Tag. Und die Sonnenstrahlen zerreißen das fein gewebte Nebelnetz.

Aus Schmerz wird Freude, aus Kummer Glück. Der Kreis ist geschlossen. Die Wahrheit begreifen heißt nicht, alles zu wissen! Das Vergangene und die Zukunft kann sich dem Blick öffnen, auch wenn das einzelne verborgen bleibt. Doch nicht alles muß sich unserem Zugriff preisgeben.

Ich komme aus der Unendlichkeit der Nacht, bin Wanderer durch Zeit und Raum im Aufbruch zu den Sternen. Bin Grenzgänger zwischen den Welten. An das Schwertgehänge unter dem Gürtel aus drei Sternen geschmiedet habe ich eine Orchidee geheftet.

Eine Feuerblume mit züngelnden Blütenblättern und weißglühendem Kelch. Gefunden im Urwald der Unendlichkeit, gepflanzt in den Garten der Ewigkeit.

Die Nacht ist nicht schwarz. Und wenn du durch die Sternritzen schaust, scheint immer die Sonne. Durch die Löcher tropfen Träume auf die Erde. Komm, suche und finde mich, dann fließen Damals, Jetzt und Irgendwann zusammen in einem Augenblick.

Die Welt erwacht langsam, erste Sonnenstrahlen kitzeln die Erwachenden in der Nase, ein Hauch von Magie zieht durch den Raum, Licht und Schatten, Trennung und Vereinigung. Doch, gib auf deine Träume acht. Gib acht, gib acht, Jäger der Nacht ans Licht gebracht.

Ich öffne mich dir. Himmel, Erde, Sonne, Mond. Hier, jetzt und heute erfahre ich das Geheimnis des Netzes, gesponnen zwischen Licht und Dunkelheit, ein Gespenst von Fäden aus Raum und Zeit, verwoben mit dem Leben der Wirklichkeit. Ich öffne mich selbst den Energien des Universums und empfange Augenblicke, die unentwegt wachsen. Dieser Moment ist meiner, der nächste gehört der Zukunft. Hier, jetzt und heute genieße ich die Gegenwart, ohne den Verlust dessen zu bedauern, was vorbei ist.

Jetzt und in der Zukunft, Licht und Liebe, Kraft und Schutz, innere Ruhe, Geborgenheit, Harmonie und Zuversicht.

Literatur

The Sun und the Serpent	Miller und Broadhurst, 1998 Pendragon Press, Launceston, Cornwall
The Old Straight Track	Alfred Watkins, 1997, Abacus
Das magische Wissen der Druiden	Ross Nicholas, 1998 Deutsche Ausgabe Heyne Verlag
Sonne, Mond und Steine	John Mitchell, 1989, Der Grüne Zweig 156
Geomantie in Mitteleuropa	Jens M. Möller, 3. Auflage 1995 Aurum Verlag, Braunschweig
Places of Power	Paul Devereux, 1990, Blandford
A Guide to the Stone Circles	Paul Aubrey, 1995, Yale University Press
Dartmoor	Sandy Gerrard, 1997, Englisch Heritage
Journey to the Stones	Ian McNeil Cooke, 1996 Men-an-Tol Studio, Penzance

Dazu wirklich gut gemachte, informative Führer zu den Kirchen, Kathedralen und mystischen Stätten in Cornwall und Devon